法廷通訳ハンドブック実践編

【ドイツ語】

最高裁判所事務総局

はじめに

　法廷通訳については，通訳の対象が法廷という極めて特殊な状況
での会話であるために，通訳一般で必要とされる十分な語学力に加
えて，法廷通訳に求められる特別の心構えや刑事手続の基本的な知
識を身につける必要があります。そして，経験を積む中で，刑事手
続への理解を深め，事実に争いがある否認事件等の複雑な手続や，
控訴審などの通常の第一審と異なる手続の通訳もこなせるようなレ
ベルにまで，能力を向上させていくことが期待されます。このよう
なレベルに達するには，法廷での特殊な用語，法律的な知識など法
廷通訳に特有の事項をよく理解することが必要となります。

　本書は，そのための手助けになるように，できるだけ実践的な内
容とすることを心がけ，第1編では刑事手続の流れに沿って，通
訳人からよく質問される事項をQ＆Aの形でまとめ，第2編では，
控訴審の手続をできるだけ平易に説明するとともに，第3編及び
第4編では，法廷で使用されることの多いやりとりの具体例や，法
律用語などの通訳例をできる限り網羅的に掲載することを心がけま
した。

　本書が広く刑事裁判の通訳に当たる方の一助となれば幸いです。

　　令和3年2月

　　　　　　　　　　　　　　　　　　最高裁判所事務総局刑事局

目　　次

第1編

刑事裁判手続における通訳人の留意事項

第1編　刑事裁判手続における通訳人の留意事項

　　ここでは，通訳を必要とする刑事裁判での手続に即して，しばしば問題となる事項又は通訳人が留意すべき事項について説明します。法廷等で使用される用語の訳語については，53ページの「法廷通訳参考例」又は147ページの「法律用語等の対訳」を参照してください。

第1章　一般的注意事項

①Q　法廷通訳は，一般の通訳と比べてどのような特徴がありますか。

　A　法廷でのやりとりのうち，証人尋問や被告人質問は，その結果得られた証言や供述が，裁判の証拠として，犯罪事実の認定や刑の量定の基礎になる特に重要なものですから，すべての発言を逐語訳で行う必要があるという特徴があります。例えば，証人が証言内容を発言直後に訂正した場合には，訂正後の内容だけでなく訂正前の内容についてもそのまま通訳してください。

　　法廷での裁判官と検察官，弁護人とのやりとりについては，裁判長が必要な事項を要約することが多いと思われます。通訳すべき範囲を自分で判断するのではなく，裁判長の指示に従って通訳を行ってください。

②Q　通訳人として守らなければならないことは何ですか。

A　良心に従って誠実に通訳をしてください。通訳をするに当たって，そのことを宣誓していただくことになります。また，裁判は，偏りのない公正な手続で行う必要がありますから，通訳人も，通訳するに当たっては，立場上中立公正さを疑われるような行動をとってはいけません。もしも，被告人や証人と知り合いであるなどの事情がある場合には，直ちに裁判所に申し出てください。

　　また，被告人又はその関係者に対しては，自分の氏名，住所，電話番号を教えないようにし，個人的に接触する機会を与えないでください。一緒に飲食をしたり，贈物を受け取るなどの行為は絶対にしないでください。

　　さらに，裁判の過程で知った事件に関する事項については，絶対に他に漏らさないでください。裁判所や検察官，弁護人から事前に送付を受けた書面については，その保管に注意するとともに，他人の目に触れることのないよう注意してください。

③Q　証人や被告人の発言を逐語訳したり，法廷でのやりとりを記憶しておくのは，大変なことだと思いますが，法廷に立ち会う際，どのような準備，工夫をすればよいですか。

A　法廷に立ち会う際には，自分の記憶だけに頼るのではなく，メモを取っておくことが不可欠です。メモを

取る際には，自分の理解しやすい記号や略語を用いたり，訴訟関係人の発言の順序などについて図式化して記録するなど，適宜工夫をするとよいでしょう。

　また，日ごろから，メモ取りをはじめとする様々なトレーニングを行い，通訳スキルの更なる向上を心がけておくことも重要です。

第2章　勾留質問手続

　逮捕された被疑者を引き続き留置しようとする場合，検察官は裁判官に対して勾留請求を行います。裁判官は資料を検討し，被疑事実に関する被疑者の言い分を聞いた上で，勾留するかどうか決めることになります。この言い分を聞く手続が勾留質問です。勾留質問は，裁判所の勾留質問室で行われます。被疑者が日本語を理解できない場合には，通訳人を介してこの手続を行うことになります。

Q　通訳人の人定尋問の際，被疑者に通訳人の氏名や住所を知られることはありませんか。被疑者に氏名や住所等を知られたくない場合には，どうしたらよいですか。

A　裁判所では，通訳人の氏名，住所などの個人情報について，慎重に取り扱うよう配慮しています。

　勾留質問手続においては，裁判官は，通訳人の人定尋問の際，あらかじめ人定事項を記載した書面をもとに「このとおりですね。」などと確認する形で人定尋問を行うのが一般的です。

念のため事前に裁判所書記官（以下「書記官」といいます。）に対してそのような希望を申し出てください。

第3章　起訴後第1回公判期日前まで

第1節　起訴

　　　　刑事裁判は，検察官が裁判所に対して裁判を求めることによって開始されます。これを起訴又は公訴の提起といい，具体的には，検察官が，起訴状を裁判所に提出して行います。起訴状には，被告人の氏名，生年月日，住居など被告人を特定する事項，公訴事実，罪名及び罰条が記載されています。

　　　　起訴があると，それまで被疑者に対する被疑事件であったものが被告人に対する被告事件となって，裁判所で審理される状態になります。

第2節　起訴状概要の翻訳文の送付

1　趣旨

　　　　裁判所では，起訴があった場合，起訴状の概要を被告人の理解できる言語に翻訳した上，第1回公判期日前のできるだけ早い時期にその翻訳文を被告人に送付するという取扱いを行っています。これは，日本語を理解しない被告人に早期に起訴状の内容を理解させて，被告人の防御権を実質的に保障するとともに，公判審理の充実を図ろうとするものです。

2　実施の方法

　　　　起訴状概要の翻訳文を送付する運用を円滑に実施するため，典型的な公訴事実の要旨を翻訳した文例集が作成され，それ

ぞれの地方裁判所に用意されています。

　裁判所は，翻訳文を送付する際には，通訳人予定者等に，日本語で作成した起訴状記載の公訴事実の要旨，罪名及び罰条について翻訳を依頼し，翻訳文を作成してもらうこともあります。その際，先に述べた翻訳文例の翻訳例を参考にしていただくとよいと思います。出来上がった翻訳文は，裁判所から被告人に送付しています。

　1に記載した趣旨から，翻訳文の作成を依頼された場合には，速やかに翻訳文を作成して提出してください。

　なお，この翻訳料は，通訳人に対する通訳料とは別に，翻訳内容に応じて支給されます。

Q　裁判所から翻訳の依頼があった場合に留意する事項は何ですか。

A　書記官から，翻訳言語，提出期限などを示してお願いしますので，特に提出期限に留意してください。また，担当の書記官の氏名や連絡先を聞いておくと，疑問点が生じた場合に照会するのに便利です。

第3節　法廷通訳の依頼

　要通訳事件では，適格な通訳人を選任することが極めて重要ですが，適格な通訳人であるためには，十分な語学力を有するとともに，中立公正であることが必要です。

　この点，捜査段階で付された通訳人を法廷における通訳人として選任することについては，裁判の公正に対する無

用の疑念を生じさせたり，捜査段階の通訳人の面前では，取調べ時に供述したことに心理的に影響されて，被告人が公判廷で自由に言い分を言えないおそれも考えられることから，法廷通訳には，できる限り捜査段階の通訳人と別の通訳人を選任することが望ましいと考えています。実際にも特段の事情のある場合を除き，別の通訳人を選任する運用がされています。

---

①Q　裁判所から通訳の依頼があった場合に確認しておく事項は何ですか。

A　①裁判所名，②担当裁判部と書記官の氏名，③電話番号，④通訳言語，⑤事件名，⑥被告人の氏名，⑦公判期日，⑧公判の予定所要時間，⑨弁護人が決まっていればその氏名と連絡先，⑩弁護人の国選，私選の別，⑪公判前整理手続や，即決裁判手続による審理が予定されているか，⑫裁判員の参加する裁判（以下「裁判員裁判」といいます。）であるかどうかなどを確認しておくとよいと思います。また，被告人が複数になると公判時間が長くなるとともに別々の日時に接見に同行することになるため，時間を要することに留意してください。

---

②Q　捜査段階で通訳した事件について法廷通訳を依頼された場合にはどうしたらよいですか。また，捜査段階で共犯者の通訳を行っている場合はどうですか。

A 裁判所は，捜査段階でどのような通訳人が付いたの
かを知らないのが通常です。したがって，まずその旨
を書記官に伝えてください。そのような場合には基本
的には他の通訳人に依頼することになりますが，他に
適格な通訳人の確保が困難な場合には通訳を再度依頼
することもあります。その場合には御協力をお願いし
ます。なお，共犯者の通訳の場合も基本的には同様で
す。

第4節 公判前整理手続

　公判前整理手続とは，充実した公判審理を集中的・連日
的に行うことを目的として，裁判所が，検察官及び弁護人
の出席のもとで行う非公開の手続をいいます（事案によっ
ては，検察官及び弁護人が出席せず，書面のやりとりによ
って行うこともあります。）。

　公判前整理手続は，裁判員対象事件では必ず実施されま
すし，それ以外の事件では，裁判所が，充実した審理を集
中的・連日的に行うために必要であると認めた場合に実施
されます。そこでは，①事件の争点は何なのか，②公判に
おいて，どの証拠を，どういった順序で取り調べるのか，
③公判期日をいつ行い，その期日での具体的な進行はどう
するのかなどといったことが決められます。

　公判前整理手続においては，被告人は，裁判所が特に出
頭を求めない限り，その期日に出頭する義務はありません。
したがって，被告人が期日への出頭を希望せず，裁判所で

も特に出頭を求めない場合には，被告人不出頭のままで行
われます。

①Q　公判前整理手続で通訳を行うことはありますか。
　A　公判前整理手続期日に日本語を理解しない被告人が
　　出頭する場合には，そこで行われた手続について通訳
　　を行うことになります。なお，被告人が出頭しない公
　　判前整理手続期日について通訳を依頼することはあり
　　ませんが，期日直前になって被告人が出頭することに
　　なった場合には，急に通訳を依頼することもあります
　　ので，その場合には御協力をお願いします。

②Q　公判前整理手続では，公判審理に比べて，通訳はか
　　なり困難なものになるのではないですか。
　A　公判審理に比べて，難しい手続が行われるわけでは
　　ありませんが，事案によっては，裁判所と当事者との
　　間で，専門的な法律用語を用いた細かいやりとりがさ
　　れることもあります。裁判所としても，当事者間のや
　　りとりをある程度裁判官の方で要約した上で通訳をお
　　願いしたり，なるべく通訳しやすいやりとりとなるよ
　　う配慮したりしますが，もし，通訳しにくいと感じた
　　場合には，裁判官にその旨伝えてください。また，通
　　訳のやり方について，あらかじめ裁判所と相談してお
　　くことも考えられます。

③Q 公判前整理手続が実施された事件の審理について，通常の事件と異なる点はありますか。

A 公判前整理手続が実施された事件では，その後の公判期日において，検察官の冒頭陳述の終了後，弁護人の冒頭陳述（弁護側の主張があるとき）及び公判前整理手続の結果を明らかにする手続（66ページの参考例参照）が行われます。

また，証拠申請やこれに対する意見の聴取，証拠を取り調べるかどうかなどに関する裁判所の決定は，通常，公判前整理手続で既に行われているため，冒頭陳述や結果顕出の手続が終了した後は，引き続き証拠の取調べが行われます。

第5節 第1回公判期日の指定

裁判所が公判の期日を指定する際には，あらかじめ通訳人との間で日程の調整を行った上で期日の指定を行っています。

また，弁護人は，第1回公判期日前（公判前整理手続期日が開かれる場合には，その第1回期日前）に被告人と接見し，日本の刑事裁判手続や起訴状の内容等を説明するとともに，事件について打合せをする必要がありますので，裁判所は，それらに要する日数にも配慮して期日を指定しています。

Q 期日の打合せをする上で留意すべき事項は何ですか。

A 公判後に予定を入れている場合等で時間に制約がある
　ときには，「何時から次の予定が入っていますから，何
　時までしかできません。」というふうに，具体的に書記
　官に伝えてください。また，その期日については通訳を
　することが可能な場合でも，その期日の直後から旅行に
　出かけるとか，他の仕事の関係などでしばらく法廷通訳
　を引き受けられない場合には，「いつからいつまでは引
　き受けられません。」ということを，事件の依頼があっ
　た際にはっきり伝えてください。

第6節　裁判所と通訳人との連絡及び通訳人の事前準備

　　通訳人として選任されることが決まった場合には，書記
官から，第1回公判期日の通知（公判前整理手続期日に被
告人が出頭する場合には，その期日の通知）がされるとと
もに，当該期日に在廷してほしいという依頼があります。
また，法廷通訳の準備のために，起訴状写しを郵便等で送
付します（公判前整理手続の場合には，当事者から提出さ
れた書面が送付される場合もあります。）。裁判所によって
は，起訴状写しなどとともに，裁判部（裁判官名），書記官
名，裁判部の電話番号，被告人の勾留場所，裁判所の近辺
の地図等の必要事項を記載した事務連絡文書を送付するこ
ともあります。

　　なお，第1回公判期日前には，通訳人の準備のために検
察官が作成した冒頭陳述書又は冒頭陳述メモ，書証の朗読
（要旨の告知）のためのメモ（結審予定の場合には，さらに

検察官作成の論告要旨，弁護人作成の弁論要旨）が交付されるのが一般的です。

①Q　法廷通訳の経験のない通訳人の場合，事前の準備としてどのようなことが考えられますか。

　A　事前に他の事件の法廷傍聴をしておくこと，法廷通訳ハンドブックを読むなどして勉強しておくこと，刑事裁判手続を分かりやすく説明した外国人事件用ビデオを裁判所で見せてもらうこと，裁判官又は書記官から手続の説明を受ける機会があればそれも活用することなどにより，刑事裁判手続の流れや法律用語などについて勉強しておくのがよいでしょう。また，冒頭陳述書等をできるだけ早く入手できるように，書記官から検察官や弁護人に伝えてもらうとよいでしょう。さらに，法廷に立ち会う際には，メモ取りの準備をしておくことが不可欠ですし，日ごろから通訳スキルを磨くための様々なトレーニングをしておくことも重要です（第１編第１章③Ｑ＆Ａ（２ページ）参照）。

②Q　通訳の準備のために，検察庁に事件の記録を見に行くことはできますか。

　A　公判前の段階では，事件に関する書類は非公開とされていますから，一般的には見ることはできません。

③Q　どのような書面が事前に通訳人に交付されています

　　　　か。

　A　事件によって異なりますが，一般的には，冒頭陳述
　　　書又は冒頭陳述メモ，書証の朗読（要旨の告知）のた
　　　めのメモ，論告要旨，弁論要旨が交付されています。

　　　なお，このように通訳人には準備のため訴訟に関す
　　　る書面が交付されますが，これらの書面は一切他に見
　　　せてはいけません。

④Q　事前に交付された書面によく分からない点がある場
　　　合にはどうしたらよいですか。

　A　書面を作成した検察官，弁護人に確認することが望
　　　ましいと思われます。一般的な法律用語の意味の確認
　　　程度であれば，とりあえず書記官に確認するというこ
　　　とでもよいでしょう。

　　　なお，法廷で提出される前の段階では，このような
　　　書面は，裁判所の手元にはないことを承知しておいて
　　　ください。

第7節　弁護人の接見への同行

　　外国人被告人の場合，日本の裁判制度に対する知識がほ
とんどないことが原因で不安に陥ることが少なくありませ
ん。弁護人はその職務として，起訴後できるだけ早い時期
に被告人と接見し，起訴状の内容を説明して言い分を聴く
とともに，日本の裁判制度等についても十分に説明するこ
とが求められています。

そこで，国選弁護事件においては，裁判所では弁護人に対して，あらかじめ通訳人予定者の氏名，電話番号等を通知し，弁護人が希望すれば通訳人予定者を接見に同行できるように配慮することにしています。

　また，一定の事件については，起訴される前の段階で，被疑者の請求により国選弁護人が選任されることがあります。この場合には，国選弁護人や国選弁護人の候補者の指名等に関する業務を行う日本司法支援センター（法テラス）から，接見への同行を依頼されることがあります。

　したがって，裁判所や国選弁護人等からそのような依頼があれば，御協力をお願いします。

　なお，国選弁護事件において，弁護人の接見に通訳人が同行した場合には，弁護人から報酬や費用の支払を受けることができます。

---

①Q　弁護人の接見に同席した場合に留意すべき事項は何ですか。

A　被告人から尋ねられても，絶対に自己の氏名や連絡先を教えてはいけません。被告人から理由を尋ねられた場合には，「教えてはいけないことになっています。」と答えてください。

　また，弁護人にも通訳人の氏名等を被告人に対して紹介することのないよう話をしておくとよいでしょう。

　さらに，接見の際に，被告人の話し方の癖等を把握しておくと，法廷通訳をする際に役立ちます。

---

②Q　接見の通訳をした際に，アクセントが強かったり，方言が交じっていたりして被告人の話す言葉が分かりづらかったり，逆に被告人が通訳人の通訳内容を理解していないと思われた場合には，どうしたらよいですか。

A　弁護人にその旨を告げるとともに，書記官にもそのことを伝えてください。コミュニケーションがどの程度取れているのか，取りにくい原因は何かなどを考慮して，裁判官が，被告人にゆっくりあるいは繰り返し話すように促すことでまかなえるかどうか，又は通訳人の交替をしてもらうかなどの措置を検討することになります。

③Q　被告人が他の言語の通訳を希望している場合にはどうしたらよいですか。

A　被告人の希望を書記官に伝えてください。同時に，そのままの言語でも意思疎通が可能である場合にはそのことを伝えるとともに，その程度などについても伝えてください。

④Q　被告人から，裁判の見通しについて尋ねられた場合にはどうすればよいですか。

A　「通訳人はそのような質問に答えてはいけないことになっています。弁護人に相談してください。」と答えるべきです。勝手に見通しを告げることはしないで

ください。

⑤Q　被告人から，家族に手紙を渡してほしいとか，差し
　　入れをするように家族に頼んでほしいというようなこ
　　とを頼まれた場合にはどうしたらよいですか。
　A　「通訳人はそのようなことをしてはいけないことに
　　なっています。弁護人に相談してください。」と答え
　　るべきです。

⑥Q　弁護人から，被告人に差し入れをするよう被告人の
　　家族に頼んでほしいと依頼された場合にはどうしたら
　　よいでしょうか。
　A　自分で依頼の適否について判断するのではなく，
　　「裁判所に確認を取ってからでないとできませんの
　　で，裁判所に依頼の趣旨を伝え，確認を取ってくださ
　　い。」と言ってください。

⑦Q　被疑者段階での接見に同行した場合と，起訴後の接
　　見に同行した場合とで，留意すべき点に違いはありま
　　すか。
　A　基本的には，どちらの接見においても留意点に違い
　　はありません。
　　　ただし，被疑者段階では，事件はまだ裁判所におい
　　て審理すべき状態にあるわけではないので，裁判官や
　　書記官から具体的な指示を受けることはできません。

疑問点が生じた場合には，適宜弁護人に相談して，その指示を受けてください。

⑧Q　接見に同行した後に留意すべき事項がありますか。

　A　被疑者や被告人には，接見交通権といって，立会人なくして弁護人と接見する権利が認められています。

　　そして，通訳人は特別に接見に同行することを許されているのですから，接見の際に交わされた被疑者又は被告人と弁護人とのやりとりを外部に漏らすようなことは，絶対に慎んでください。

　　このことは，裁判官や書記官に対してであっても同じです。

第4章　公判手続

第1節　法廷通訳一般

①Q　通訳をする際には，直接話法（・・・です。）の形で通訳をすべきでしょうか，間接話法（・・・だそうです。）の形で通訳をすべきでしょうか。

　A　話者が話した内容で通訳すべきですから，直接話法の形で通訳してください。

②Q　被告人等が発言しない場合には，通訳人から発言するように促すべきでしょうか。

　A　通訳人は法廷で自ら発言することは原則的にない

と心得ておいてください。特に被告人には，黙秘権がありますから，勝手に発言を促すようなことをしてはいけません。

③Q　連続して行う通訳時間について希望がある場合にはどうしたらよいですか。また，通訳中に休憩を取りたい場合にはどうしたらよいですか。

　A　裁判所としても，通訳人の負担を考慮して，通訳人が適切に休憩できるよう配慮していますので，要望があれば，事前に書記官に伝えてください。また，通訳人において公判手続中に休憩が必要となった場合には，その場で遠慮なく裁判官や書記官に伝えてください。

④Q　被告人から不信感を持たれているなどの問題があると感じた場合には，どうしたらよいですか。

　A　信頼関係に問題があると感じる場合には，書記官にそのことを伝えてください。不信感の背景には，例えば被告人が日本の裁判制度を誤解していることが原因になっていることもあります。その場合には，裁判官や弁護人から被告人に対し，日本の裁判制度について説明することになります。

⑤Q　法制度，習慣，文化の異なる被告人の通訳を行うに当たって，配慮すべき事項がありますか。

A 法制度や歴史的背景の違い等から，被告人が通訳人に対し敵対心を持つことや，逆に被告人の言おうとする本当の意味が分からないことがあると思われます。したがって，法廷通訳を行うに当たっては，語学的な面だけでなく，その国の文化や法制度等を理解するよう日ごろから努めてください。

⑥Q 被告人の陳述について，配慮すべきことがありますか。特に罪状認否についてはどうですか。

A 裁判所も留意していますが，被告人によっては，陳述の際，一度にたくさん話し出すことがありますので，法廷に入ったらすぐにメモの準備をしておくことなどが必要です。

特に罪状認否は重要な手続ですので，慎重に通訳をする必要があります。被告人がうなずいた場合にも安易に「はい。」と通訳をするようなことは避けてください。

⑦Q 被告人が，弁護人の接見の際と異なることを述べた場合にはどうすればよいですか。

A 証拠となるのは，公判廷での発言ですから，接見の際の内容にかかわらず忠実に通訳すべきです。この場合には，接見の際の被告人の発言に影響されるようなことがあってはいけません。

⑧Q　書面を事前に交付された場合には，どのようなこ
　　とに留意したらよいですか。

　A　分からない法律用語，読めない地名，人名等があ
　　る場合には早めに尋ねておく必要があります。書証
　　の要旨の告知のために証拠等関係カードが交付され
　　ている場合には，略語表（219ページ参照）で書
　　証の表題を確認しておくとよいでしょう。

　　　ただ，事件の進行によっては，事前に交付された
　　書面の内容が変更されることがありますので，柔軟
　　に対応する必要があります。

第2節　開廷前の準備

　開廷前には，裁判官又は書記官と通訳人との間で，その
期日に予定された手続を確認するとともに，必要な書類や
送付した書類等が手元に届いているかどうか確認すること
もあります。この際に書類の中に分からない用語がある場
合には，説明を求めるとよいでしょう。

　なお，通訳人には守秘義務がありますから，これらの書
類の取扱いには細心の注意を払ってください。

①Q　開廷前に準備しておく必要のあるものは何ですか。

　A　早めに書記官室へ行って（直接法廷に行くように言
　　われる場合もあります。），宣誓書の署名，出頭カー
　　ドの記載，報酬関係の書類への記載をする必要があり
　　ます。印鑑を持っている方は，このときに使いますの

で，印鑑を持参してください。

②Q　開廷前の時間はどのように過ごすとよいでしょうか。

　A　早めに法廷に行って，自分の座る位置を確認し，メ
　　モや起訴状等の書面を通訳する順序に重ねておくなど
　　の準備をしておくと落ち着いて通訳できるでしょう。

　　　なお，開廷前に勝手に被告人や被告人の関係者と話
　　をしないようにしてください。

第3節　公判廷での手続

1　通訳人の宣誓等

　まず，裁判官が，通訳人が本人であるか否かを確認する手
続（人定尋問）を行います。

　続いて，宣誓していただきます。宣誓書を手に持って，声
を出して読んでください。宣誓する場所については，裁判官
の指示に従ってください。

Q　通訳人の宣誓の際に氏名や住所等を言いたくない場合に
　はどうすればよいですか。

A　勾留質問の際と同様，あらかじめ人定事項を記載した書
　面をもとに，裁判官が「このカードに記載されているとお
　りですね。」と尋ねるのが一般的です。

　　念のため，事前に書記官にその旨を伝えておいてくださ
　い。

2 被告人に対する宣誓手続等についての説明

裁判官の指示に従って，被告人に対し，自分がこの裁判において裁判所から通訳を命じられたこと，そして誠実に通訳することを宣誓した旨を告げてください。

なお，これ以降は，着席のまま通訳していただいて差し支えありません。

3 被告人の人定質問

裁判官は，被告人に対して，証言台の前に進み出るよう命じ，氏名，生年月日，国籍，日本における住居及び職業等を尋ねます。

4 起訴状朗読

検察官が起訴状記載の公訴事実，罪名及び罰条を朗読します。

なお，性犯罪等の事件については，起訴状に記載されている被害者の氏名や住所などの被害者を特定させる事項を法廷において明らかにしない旨の決定（以下「被害者特定事項の秘匿決定」といいます。）がされることがあります。

また，被害者特定事項の秘匿決定がなされていなくても，被害者や年少者に対する配慮として特定事項を明らかにしない措置が行われることもあります。

これらの場合には，起訴状に記載されている被害者の氏名や住所等は明らかにされず，「被害者に対し」であるとか，「○○市内の被害者方において」などと朗読されますので，誤って被害者特定事項を通訳することのないよう注意してください。

①Q　起訴状につき，外国語に的確な訳語がない場合はどの
　　　ようにすればよいですか。
　A　起訴状朗読では，起訴状に記載されている内容を忠実
　　　に通訳する必要がありますが，中にはぴったりと当ては
　　　まる訳語がない場合もあります。そのような場合には，
　　　説明を付加して訳さざるを得ないことになります。用語
　　　の意味内容について不安がある場合には，事前に書記官
　　　に相談してください。

②Q　被害者特定事項の秘匿決定がされた場合には，検察官
　　　が朗読したとおりに通訳すべきですか。それとも，起訴
　　　状に記載されている内容のとおり通訳すべきですか。
　A　必ず検察官が朗読したとおりに通訳してください。被
　　　告人には，起訴状朗読後に起訴状及び起訴状概要の翻訳
　　　文が示されますので，朗読されなかった部分を通訳する
　　　必要はありません。

5　黙秘権の告知

　　裁判官が被告人に対し，黙秘権を告知します。

6　事件に対する被告人の陳述

　　裁判官が被告人に対し，公訴事実についての認否を尋ねま
　す。

7　弁護人の意見

　　裁判官が，公訴事実について，弁護人に意見を求めます。
　これが終わると，被告人は，裁判官の指示で着席します。

8 ワイヤレス通訳システムの利用

ワイヤレス通訳システムとは，送信機を装着した通訳人が小声で通訳を行い，それを受信機のイヤホンを通じて被告人に伝える装置です。公判廷における日本語での発言のうち，事前に通訳人に書面が交付された手続部分について，日本語での発言に並行して，あらかじめ準備した通訳内容を伝える形で同時進行的な通訳ができるようにするものです。したがって，このシステムはいわゆる同時通訳とは異なるものです。

これにより，手続を中断することなく，被告人に通訳内容を伝えることができることになるため，審理時間の短縮，ひいては通訳人の負担の軽減を図ることができます。

このシステムは，法廷では次のように運用されています。

(1) 通訳人が送信機を，被告人が受信機を，それぞれ使用する。

(2) 冒頭陳述，書証の要旨の告知，論告，弁論などのように，検察官又は弁護人があらかじめ準備し，通訳人に交付してあった書面を法廷においてそのまま朗読する手続に使用し，起訴状朗読，証人尋問，被告人質問及び判決宣告には使用しない。

①Q　ワイヤレス通訳システムを利用する場合に，通訳人として留意すべき事項は何ですか。

A　まず，事前に交付された書面の内容を通訳できるように十分に準備をしておく必要があります。

また，被告人がワイヤレス通訳システムの使用を拒

んでいるときは，その旨裁判所に伝えてください。

　　当該機器はささやくような声で話をしても被告人に聞こえるようになっています。できる限り声を落として通訳してください。

②Q　ワイヤレス通訳システムを使用する際には，検察官や弁護人が書面を読む速度に合わせて該当部分を通訳すべきですか。

　A　書面の内容を通訳するわけですから，検察官や弁護人が書面を読む速度に合わせる必要はありません。むしろ，被告人に書面の内容を理解させる速度で通訳をすることが重要です。

9　証拠調べ手続

(1)　冒頭陳述

　　「この裁判で検察官が証拠により証明しようとする事実は，以下のとおりである。」などと告げた後，検察官が冒頭陳述を行います。

　　なお，弁護側の主張があるときには，検察官の冒頭陳述の後に弁護人の冒頭陳述が行われ，公判前整理手続が実施された場合には，引き続き公判前整理手続の結果を明らかにする手続が行われます（66ページの参考例参照）。この場合，証拠申請等に関する以下の(2)から(4)の手続は，通常，公判前整理手続の中で既に行われているため，この後は(5)の証拠の取調べが行われることになります。

> Q　冒頭陳述は一括して通訳するのでしょうか，それとも
> 　一文ごとに区切って通訳するのでしょうか。
> A　ワイヤレス通訳システムを利用して一括して通訳する
> 　場合が多いと思われますが，書面が事前に交付されてい
> 　ないような場合には，一文ごとに通訳をすることもあり
> 　ます。

(2)　検察官からの証拠申請

　通常，冒頭陳述に引き続いて検察官が「以上の事実を立証するため証拠等関係カード記載の証拠を申請します。」などと述べます。

(3)　検察官の証拠申請に対する弁護人の意見

　検察官の証拠申請に対して，弁護人が同意，不同意などの意見を述べます。同意，不同意という言葉は通常の日本語の意味とは異なる意味を持つものですから，その意味をしっかりと理解しておく必要があります。

　また，この際に具体的な事実を示して，信用性がないとか，違法収集証拠であるというような主張がされることもありますので，メモを取る準備をしておく必要があります。

(4)　裁判所の証拠採否（証拠を採用するか却下するか）の決定

　弁護人の同意がない限り，原則として証拠書類については，証拠調べをすることはできません。裁判所は，弁護人が同意した証拠書類について，必要性や相当性を判断した上，証拠として取り調べることを決定します。弁護人が不

同意とした証拠については，それに代えて，証人尋問の請求がされることもあります。

(5) 採用された証拠の取調べ

ア 証拠書類の内容の要旨の告知（又は朗読）

交付された証拠等関係カードのうち採用された証拠書類については，検察官が要旨の告知（又は朗読）をするので，その順に，その内容を通訳してください。

イ 証拠物の展示

証拠物の取調べは，検察官が採用された証拠物を法廷で示すことによって行いますが，このとき被告人に対する質問をする場合があります。すなわち，被告人が，裁判官の指示により証言台に進み出た後，検察官は被告人に対し，「検察官請求証拠番号○○番の・・・・を示す。」と述べ，「あなたは，この・・・・に見覚えがありますか。これはあなたの物ですか。」などと質問します。

(6) 証人尋問

ア 証人の宣誓及び虚偽の証言に対する注意

証人が宣誓した後，裁判官から証人に対して，虚偽の証言をすると偽証罪で処罰される旨の告知があります。

イ 通訳の方法

(ア) 外国語を使用する証人の場合

a 被告人と同じ言語の場合

日本語の尋問→通訳→証人の供述→通訳の順に行います。

b　被告人と異なる言語の場合（次の2通りがありま
す。）

(a)　日本語の尋問→証人に対する尋問の通訳→被告
人のための尋問の通訳→証人の供述→日本語への
通訳→被告人のための供述の通訳の順に行う方法

(b)　日本語の尋問→証人に対する尋問の通訳→証人
の供述→日本語への通訳→被告人のための尋問と
供述の通訳の順に行う方法

(a)の方法が原則ですが，この方法では，通訳の
間に，証人が質問の内容を忘れてしまうことなど
もありますので，これに代えて，(b)の方法を採る
こともあります。

(イ)　日本語を使用する証人の場合（次の2通りがありま
す。）

a　日本語の尋問→通訳→証人の供述→通訳の順に行
う方法

b　日本語の尋問→証人の供述→尋問と供述の通訳を
行う方法

aの方法が原則ですが，前記(ア)bと同じ理由でb
の方法を採ることも多いようです。

なお，情状証人の場合には，ある程度尋問と供述
を続けた後，裁判官が通訳人に供述の要旨を告知し，
まとめて通訳してもらうこともあります。

ウ　証人の不安や緊張等を緩和するための措置
犯罪によって被害を受けた方等が証人として証言する

場合，不安や緊張を緩和するため，次のような措置をとることが認められています。

(ｱ)　証言をする際，家族等に付き添ってもらうことができます（付添い）。

(ｲ)　証人と被告人や傍聴席との間につい立てなどを置き，被告人や傍聴席の視線を気にせず証言することができます（遮へい）。

(ｳ)　事件によっては，法廷とテレビ回線で結ばれた別室で証言することもできます（ビデオリンク）。

　なお，遮へいの措置をとった際に，被告人の様子が見えにくく，通訳をするに当たって支障がある場合には，裁判官に申し出てください。被告人の着席位置を変更したり，つい立ての位置を調整するなど，裁判官が適宜判断し，対処することになります。

エ　証人等特定事項の秘匿

　証人，鑑定人，通訳人又は翻訳人に加害行為等がなされる恐れがある場合には，その氏名や住所などの特定事項（以下「証人等特定事項」という。）を被告人側に明らかにしない措置がされることがありますので，その場合には，誤って証人等特定事項を通訳することのないよう注意してください。

①Q　質問とそれに対する答えがちぐはぐになった場合には，答えをそのまま訳すべきですか，それとも，もう一度聞き直すべきですか。

A　ちぐはぐのまま通訳してください。気になるよう
　　なら裁判官に，「かみ合っていませんけれども通訳
　　としてはそのまま伝えます。」と告げるとよいでし
　　ょう。

②Q　質問の意味が不明瞭であったり，同音異義語でど
　　ちらの意味かはっきりしないような場合にはどうす
　　ればよいのですか。
　A　裁判官の許可を得て確認すべきです。

③Q　証人の発言等について，重要でないと思われる部
　　分については通訳を省略してよいですか。
　A　省略してはいけません。できる限り忠実に通訳し
　　てください。一部を省略したり内容をまとめたりす
　　ることはしないでください。

④Q　証人尋問の通訳を行う際には，どのような態度で
　　行えばよいですか。
　A　証人に対して中立な立場で接し，その証言等に対
　　して，仮に不信や同情等を感じても，表情に出さな
　　いようにしてください。

⑤Q　証人があいまいな返事をしたり，証言をしている
　　途中で，言い直しをした場合には，どのように通訳
　　すべきですか。

A　そのまま通訳をすべきです。内容を明確にさせる
　ためや供述の矛盾を整理するため聞き直して供述を
　引き出したり，通訳人が勝手に解釈して断定的な通
　訳をしてはいけません。

⑥Q　証人の答えが長すぎて通訳しにくい場合には，ど
　うしたらよいですか。
　A　手を上げるなどして，裁判官に答えが長すぎて通
　訳しにくいことを伝えてください。そうすれば，裁
　判官が答えを一文ずつ区切って通訳するように指示
　したり，尋問者に対して問いを工夫してもらうよう
　指示するなど，適宜判断し，対応してくれます。

⑦Q　証言の内容が高度に専門的，技術的であるなどの
　理由により，そのまま通訳をすることに無理がある
　と感じた場合には，どうしたらよいですか。
　A　直ちにそのことを裁判官に告げてください。分か
　る部分だけを通訳するようなことは，しないでくだ
　さい。
　　可能であれば平易な内容に証言をし直してもらう
　などの措置を採ることになります。

⑧Q　証人との間で，アクセントや方言のためにコミュ
　ニケーションが取りづらいときには，どうしたらよ
　いですか。

A　直ちにそのことを裁判官に告げて，指示を待って
ください。程度にもよりますが，ゆっくり証言させ
たり，繰り返し証言することにより手当てができる
のであれば，そのような方法を採ることになります。

⑨Q　通訳をする際には，発言者の表現を忠実に再現す
るべきですか。
A　発言者と同じ表現を使ってください。例えば丁寧
語を用いるなどして表現方法を改めるようなことは
しないでください。

⑩Q　証言の途中で，例えば大きさや高さや量を示すた
めに，証人が身振り手振りをした場合には，身振り
手振りも含めて通訳すべきですか。
A　言葉だけを通訳すればよく，身振り等を繰り返す
必要はありません。

⑪Q　答えが聞き取れないなどの理由により，答えを繰
り返してほしいと思ったときはどうすべきですか。
A　裁判官に，「聞き取れませんでしたので，証人に
答えを繰り返すように頼んでもいいですか。」と断
ってから頼んでください。

⑫Q　尋問に対して異議が出された場合には，どのよう
にしたらよいですか。

A　異議に対する意見，判断などの一連のやりとりを
逐一通訳するのか，あるいは，やりとりが終わった
後に裁判官が通訳すべき範囲をまとめて，それに従
って通訳するのかなど，裁判官の指示に従って対応
してください。ただ，一連のやりとりは，メモに取
っておくとよいでしょう。

⑬Q　証言中の語句，言い回し等を理解できない場合や，
通訳できない場合にはどうしたらよいですか。
A　証言の繰り返しや別の言葉での表現を頼んでよい
かについて裁判官の許可を得てください。

⑭Q　証人等が人数や性別がはっきりしない代名詞を使
った場合には，どうしたらよいですか。
A　そのために完全な通訳ができないことを裁判官に
告げて，その部分をはっきりさせるように質問して
よいかどうかの許可を得てください。

⑮Q　質問者が名前や数字を間違って質問している場合
でもそのまま通訳すべきですか。
A　そのまま通訳すべきです。誤りの指摘や訂正につ
いても裁判官や検察官，弁護人に任せてください。
ただ，明らかに誤解に基づく場合で，だれも気が
付いていないと思われるときには，その旨を裁判官
に指摘してください。

⑯Q　通訳に関し，正確性について疑問がある旨の指摘
　　を受けた場合にはどうしたらよいですか。

　A　裁判官の指示を待ってください。裁判官の許可が
　　あるまで，正確性について自分の意見を述べるのは
　　差し控えてください。通常，裁判官は，問題とされ
　　た供述等を引き出す発問からやり直してもらい，あ
　　るいは発問の仕方を変えて平易な表現でその点を聞
　　き直させることにより処理する場合が多いと思われ
　　ます。

⑰Q　質問や発言の中に寸法や重量，外国通貨の量が含
　　まれている場合には，日本のそれらのものに換算す
　　べきですか。

　A　自分で換算する必要はありません。換算は，基本
　　的には裁判官，検察官又は弁護人が行います。
　　　暦についても一度そのまま通訳してください。そ
　　の後，換算に関するやりとりがあった場合にはそれ
　　を通訳し，また，裁判官から西暦等に換算した上で
　　通訳するように指示された場合には，それに従って
　　ください。

⑱Q　図面を利用した尋問等の場合に，留意する事項は
　　何ですか。

　A　被告人が「ここ。」とか「あそこ。」と発言した
　　場合でもそのとおり通訳する必要があります。また，

複雑な尋問の場合には，書記官に頼んで図面の写し
を準備してもらうとよいでしょう。

⑲Q　仲間うちでだけ用いられる特殊な用語が使用され
　　た場合には，通常の言葉に直して通訳すべきですか。
　A　そのまま通訳する必要があります。そして，必要
　　があれば裁判官等が続けて質問しますので，それを
　　待つべきです。

⑳Q　鑑定証人の尋問の場合に留意すべき事項は何です
　　か。
　A　難しい専門用語を通訳する必要がありますので，
　　あらかじめ尋問の際に使用すると思われる用語につ
　　いては調べておく必要があります。また，尋問の中
　　に理解できない言葉がある場合には，遠慮なく申し
　　出てください。専門用語を調べる時間が必要な場合
　　には，その旨申し出てもよいでしょう。

10　被告人質問

　被告人は，宣誓することはありません。なお，通訳は，日
本語の質問→通訳→被告人の供述→通訳の順序で行うのが一
般的です。

①Q　被告人が質問の内容を理解していないと思われる場合
　　にはどうしたらよいですか。

A　通訳人の判断で被告人に説明したりせず，よく理解で
きていないということを裁判官に告げてください。

②Q　被告人が個人的に話しかけてきた場合にはどうすべき
ですか。

A　会話に応じないで，身振りなどで，会話はできないこ
とを示してください。実際に話しかけられた場合は，そ
の内容を裁判官に伝えてください。

11　論告

検察官の事件に関する最終的な意見が述べられます。検察
官から事前に「論告要旨」と題する書面（ただし，求刑部分
を空欄としたもの）が交付されるのが一般的です。書面が交
付されている場合には，検察官の意見陳述後に，この書面に
基づいて通訳してください。また，この場合には，ワイヤレ
ス通訳システムを利用することが多いと思われます。

なお，被告人が求刑の意味を理解していない場合には，裁
判官が補足説明をすることがあり，その場合には，それを通
訳することになります。

Q　論告の際に留意する事項は何ですか。

A　求刑は，あくまでも検察官の意見ですが，判決を宣告さ
れたと誤解する被告人も多いです。通訳人の方もこの点に
ついてはよく理解しておいてください。

なお，論告要旨が事前に交付される場合でも，求刑のと

ころは空欄になっている場合がほとんどです。したがって，求刑についてはその場で検察官が述べた内容を正確に聞き取り，通訳するようにしてください。聞き漏らした場合には，検察官に確認してください。

12 弁護人による弁論

弁護人の事件に関する最終的な意見が述べられます。弁護人からあらかじめ「弁論要旨」又は「弁論メモ」と題する書面が通訳人に交付され，通訳はこれに基づいて行うのが一般的です。弁論要旨等を事前に交付してある場合には，ワイヤレス通訳システムを使用することが多いと思われます。

弁護人が，弁論要旨等を事前に準備していないときは，弁護人は通訳できるよう適当な範囲で区切って弁論し，通訳人は順次通訳する運用になることが多いと思われます。

Q ワイヤレス通訳システムを使用する論告・弁論の手続で，検察官が被告人の弁解内容に対応して，事前に交付した論告要旨の書面の内容を一部訂正，追加したり，弁護人が論告の内容に対応して弁論要旨の内容を同様に変更した場合にはどうしたらよいですか。

A 検察官又は弁護人が訂正，追加した部分を通訳人に指摘しますので，それに基づいて通訳することになります。

13 被告人の最終陳述

裁判官が，被告人に対し，「これで審理を終えますが，最

後に何か言いたいことがありますか。」などと尋ねます。被告人は，証言台に進み出て陳述する場合がありますので，その内容を通訳してください。

14　次回期日の指定

裁判官が次回期日を指定しますので，その期日と，次回期日に何を行うかについて，裁判官の説明したことを通訳してください。被告人の最終陳述が終わっていれば，次回期日には判決が言い渡されることになります。

続行期日，判決宣告期日を指定する際には，通訳人と調整して期日を指定することになります。特に，継続して開廷する場合には，通訳人との関係で期日を一括指定することもありますから，自分の都合を何か月か先まで正確に把握しておく必要があります。

15　判決宣告の手続

判決宣告の手続については，法廷通訳参考例（90ページ）を参考にしてください。

判決書の内容は事前に外部に漏れると困りますので，当日までは見ることができません。ただ，判決を正確に通訳できるようにするため，通訳人用の判決要旨，判決写しを作成し，裁判所によっては，これを判決宣告期日の開廷10分ないし30分くらい前に通訳人に交付し，事前に目を通してもらうといった運用もされています。この場合に，判決要旨等を交付した後は書記官室から出ないようにしてもらっているようです。裁判所がどのような方法を採っているのかを確認するとよいでしょう。また，判決の要旨等がないと通訳に不安が

ある場合には，あらかじめ書記官にその旨を申し出るとよい
でしょう。

いずれにしても，判決宣告期日には少し余裕をもって裁判
所に行くとよいでしょう。

なお，判決宣告手続にはワイヤレス通訳システムは使用し
ない取扱いです。

①Q　判決宣告期日の公判に要する時間は，どれくらいを予
　　定しておけばよいですか。
　A　事件によって異なりますので，裁判官にどの程度時間
　　を取っておけばよいか確認してください。
　　　一般的には，被告人が否認している事件は，自白事件
　　よりも時間を要することになります。
　　　さらに，判決宣告期日に弁論を再開して証拠調べ等を
　　行うこともありますので，注意してください。

②Q　刑の全部の執行猶予，刑の一部の執行猶予の説明を通
　　訳する際に留意すべき事項は何ですか。
　A　刑の全部の執行猶予，刑の一部の執行猶予の説明は，
　　被告人には分かりにくい面がありますので，裁判官もで
　　きるだけ分かりやすい説明をするように心掛けています
　　（92,94ページの参考例参照）。それでも被告人が理解し
　　ていないと思われる場合には，裁判官にそのことを告げ
　　てください。

③Q 未決勾留日数の刑への算入の説明を通訳する際に留意
すべき事項は何ですか。

A 未決勾留日数の刑への算入の説明も被告人には分かり
にくいようですので，裁判官は分かりやすい説明を心掛
けています（94ページの参考例参照）。通訳人におい
ても書記官に尋ねるなどして内容をよく理解しておいて
ください。

16 上訴期間等の告知

有罪の判決の場合には，裁判官は被告人に対して上訴期間
及び上訴申立書を差し出すべき裁判所を告知します。

17 即決裁判手続

即決裁判手続とは，争いのない明白軽微な一定の事件につい
て，検察官からの申立てにより，裁判所が決定に基づいて行
う手続です。この手続には，①起訴されてから公判期日まで
の期間が短いこと（できる限り，起訴後14日以内の日に公
判期日を指定することとされています。），②一般の公判手続
と比べ，簡略な方法で証拠調べが行われること，③原則として，
即日判決が言い渡され，その判決において懲役又は禁錮の言
渡しをする場合には，必ずその刑の執行が猶予されることな
どの特徴があります。

Q 即決裁判手続において留意すべき事項は何ですか。

A 通常の事件と比べ，起訴されてから公判期日までの期間
が短いことから，事案によっては，通訳の依頼が期日の直

近になることがあります。その場合には，御協力をお願い
します。

　また，公判期日において交わされるやりとりについて，
通常の手続とは一部異なる部分があります（80ページ
の参考例参照）。このほか，原則として即日判決が言い渡
されるため，判決宣告の通訳の準備をどうするのかを含め，
あらかじめ書記官等に手続の流れを確認しておくとよいと
思われます。

第4節　裁判員裁判

　裁判員裁判においては，一般の国民の中から選ばれた裁
判員が裁判官とともに審理に参加することから，その審理
は集中的・連日的に行われます。これを可能とするために，
すべての事件において必ず公判前整理手続が実施され，こ
の中で事前に争点や証拠の整理等が行われます。

　また，法廷での審理内容を裁判員にも分かりやすいもの
にするため，法廷内で使用される法律用語は，一般の人に
も分かるような言葉に言い換えられたり，冒頭陳述等にお
いてプレゼンテーションソフトが用いられる例もあります。
さらに，証拠調べにおいても，供述調書等は全文朗読又は
限りなくこれに近い要旨の告知の方法によって取り調べら
れているほか，証人に法廷で直接証言してもらうことも増
えています。なお，プレゼンテーションソフトが用いられ
る場合には，示された文書や画像などの内容をスムーズに
通訳することができるように，事前に裁判所や訴訟関係人

と打合せをしておくとよいでしょう。

①Q　連日的開廷が行われる場合，通訳人の負担はかなり
重くなるのではないでしょうか。
　A　裁判員裁判における尋問は，従来よりも争点に即し
た，簡にして要を得たものとなりますし，また，裁判
員の疲労や負担にも配慮して，これまでよりも頻繁に，
相応の時間の休憩が取られることになります。したが
って，一概に通訳人の負担が重くなるということはあ
りません。

②Q　裁判員裁判を担当するにあたり，事前に裁判所と打
合せをしておく必要はありますか。
　A　連日的開廷により，肉体的，精神的疲労が蓄積して
一人で通訳をすることが困難と予想される場合や，日
程の都合がつかず，一部の期日に出頭できない場合な
どには，事前に裁判所に申し出てください。審理中の
休憩の取り方や，場合によっては，通訳人を複数選任
することなどについて，裁判所が，通訳人の意向も考
慮しつつ，個別に判断させていただくことになります。

③Q　公判期日までの準備事項で，これまでと異なる点は
ありますか。
　A　裁判員裁判では，供述調書等は全文朗読又は限りな
くこれに近い要旨の告知の方法によって取り調べられ

ることになります。その通訳の準備のため，あらかじ
め訴訟関係人から通訳人に資料が交付されることがあ
りますので，それを基に準備しておくとよいでしょう。
受け取った書類については，絶対に他人の目に触れる
ことのないよう細心の注意を払うようにしてください。

第5節　被害者参加

　　殺人，傷害，過失運転致死傷等の一定の刑事事件の被害
者や遺族の方等が，裁判所の許可を得て，被害者参加人と
して刑事裁判に参加し，検察官との間で密接なコミュニケ
ーションを保ちつつ，一定の要件の下で，公判期日に出席
するとともに，証人尋問，被告人質問及び事実又は法律の
適用についての意見の陳述を行うことができる制度です。
　　なお，被害者参加人が日本語に通じない場合にも，通訳
をお願いすることになります。

①Q　被害者参加人が発言するのは，具体的にはどのよう
　　　な場面ですか。
　A　情状に関する証人の供述の証明力を争うために必要
　　　な事項について証人を尋問する場面，被害者参加人が
　　　意見を述べるため必要と認められる場合に被告人に質
　　　問をする場面，事実又は法律の適用について意見を述
　　　べる場面などがあげられます。なお，被害者参加人が
　　　出席する際にも，付添い，遮へいの措置が認められて
　　　います（28ページ9（6）証人尋問ウ(ア)(イ)参照）。

②Q　被害者参加人が意見陳述を行う場合，どのように通訳をすればよいですか。

　A　一文ずつ区切って通訳を行うか，陳述後にまとめて通訳を行うかなど，通訳の方法については，あらかじめ裁判所と相談しておくとよいでしょう。なお，意見陳述が長くなる場合には，被害者参加人が事前に準備していた読み上げ書面に基づいて通訳をしていただく場合もあります。

③Q　被告人から，どうして被害者等が法廷に立ち会っているのかと尋ねられた場合，どのように対応すればいいですか。

　A　そのような場合には，通訳人の判断で被告人に説明したりせず，裁判官に対してその旨を伝え，指示に従ってください。

第5章　その他の留意事項

①Q　判決宣告直後に，弁護人から，被告人に判決の内容やその後の手続について説明をするための通訳を依頼された場合はどうしたらよいですか。

　A　そのような説明が必要となる場合もありますので，依頼された場合にはよろしくお願いします。

②Q　弁護人以外の者から，被告人と接見等をする際の通

訳を依頼された場合にはどうしたらよいですか。

A　公正さに疑いを持たれる行為ですから，断ってください。

③Q　弁護人から上申書等の翻訳を依頼された場合にはどうしたらよいですか。また，その場合の報酬はどのようになりますか。

A　弁護活動を行う際に使用される一定の書面について，国選弁護人からの依頼に基づいて翻訳を行った場合には，弁護人から報酬の支払を受けることができます。依頼を引き受けるに当たっては，事前に報酬等について弁護人から説明を受けておくとよいでしょう。

④Q　通訳費用の負担について被告人から尋ねられたらどうしたらよいですか。

A　弁護人に尋ねるよう告げてください。ちなみに通訳にかかった費用については，裁判実務では被告人に負担させない運用が定着しています。

⑤Q　判決宣告により終了した事件の関係書類はどうしたらよいですか。

A　まず，判決要旨は，宣告後すぐに裁判所に返還してください。その他の書類については，裁判所から返還を求められなければ，処分して差し支えありませんが，書類が他人の目に触れないように，処分方法には十分に注意してください。

第2編

控訴審における刑事手続の概要

第2編　控訴審における刑事手続の概要

第1章　控訴審とは

1　上訴制度

　　上訴とは，未確定の裁判に対して，上級裁判所の審判による救済を求める不服申立ての制度です。

　　第一審の判決に不服がある場合には，訴訟当事者は，事実誤認，訴訟手続の法令違反，法令適用の誤り，量刑不当などを理由として，高等裁判所に対して上訴（控訴といいます。）することができます。控訴審の裁判所は，第一審が地方裁判所又は簡易裁判所のいかんにかかわらず高等裁判所です。控訴審では合議体で裁判を行います。

　　控訴審の判決に不服がある場合には，最高裁判所に上訴（上告といいます。）することができます。

2　控訴審の役割

　　控訴審では，申立人の指摘する控訴理由を中心に，第一審判決の当否を審査することが直接の目的とされます。審理の結果，第一審判決を維持すべきであれば控訴棄却，第一審判決を取り消す必要があれば原判決破棄となります。原判決破棄の場合には，第一審裁判所に事件を差し戻し，又は移送するときと，控訴審の裁判所が自ら事件について判決をし直すときとがあります。

第2章　控訴の申立て等

1　控訴の提起期間

控訴の申立てのできる期間は，14日以内と規定されています。この期間は，第一審判決の宣告のあった日の翌日から起算されます。

2 申立ての方式

第一審の判決（原判決ともいいます。）に対して控訴する場合には，当事者は控訴申立書を第一審の裁判所（原裁判所ともいいます。）に提出して行います。

控訴の申立てがあったとき，第一審裁判所は，速やかに訴訟記録及び証拠物を控訴裁判所に送付します。

3 上訴の放棄

上訴の放棄とは，上訴の提起期間満了前に，上訴する権利を放棄することですが，死刑，無期懲役及び無期禁錮のような重大な刑に処せられた判決に対しては上訴を放棄することはできません。

なお，上訴を放棄した者は，上訴の提起期間内であっても更に上訴を提起することはできません。

4 上訴の取下げ

上訴の取下げは，上訴審の判決があるまですることができます。

なお，上訴を取り下げた者は，上訴の提起期間内であっても更に上訴を提起することはできません。

第3章 控訴審の手続
第1節 控訴審の第1回公判期日までの手続
1 弁護人選任に関する手続

弁護人は審級ごとに選任しなければなりません。したがって，第一審において弁護人を選任していた場合であっても，控訴を申し立てた被告人は，控訴審でも弁護人を選任しようとする場合には，改めて裁判所に弁護人選任書を提出しなければなりません。裁判所の行う弁護人選任照会，国選弁護人選任の手続等については第一審の場合と同様です。照会書については，高等裁判所の依頼に基づいて，第一審裁判所において送付するという取扱いが実務においてされています。

2　通訳人の選任に関する手続

通訳人の選任については，第一審の場合と同様です。

3　被告人の移送

控訴審において，被告人が勾留されている事件の公判期日を指定するときは，その旨を検察官に通知しなければなりません。通知を受けた検察官は，被告人の身柄を，速やかに控訴審裁判所の所在地にある拘置所に移送します。

これは，被告人が控訴審の公判に備えて，弁護人との打合せ等の準備をしたり，自ら公判廷に出頭したりする際の便宜等のためです。

4　控訴趣意書の提出

控訴趣意書とは，控訴の申立てをした者が控訴審に対して自己の主張である控訴理由を簡潔に指摘した書面です。控訴趣意書は，被告人自身で書いて差し出すことも法律上はできますが，通常は，弁護人が被告人のために作成して差し出しています。

なお，控訴の申立ての理由は，控訴趣意書に記載すればよ

く，必ずしも控訴申立書に記載する必要はありません。

　控訴審裁判所は，控訴趣意書を受け取ったときは，速やか
にその謄本を相手方に送達しなければなりません。

＊控訴理由の限定

　　控訴の理由は，刑訴法に定められており，それ以外の
事由を控訴理由とすることはできません。控訴の理由と
しては量刑不当が最も多く，事実誤認がこれに次ぎ，訴
訟手続の法令違反，法令の適用の誤りもよく見られます。

＊控訴趣意書差出最終日の指定

　　裁判所は，控訴趣意書につき，期間を定めて提出を促
します。その期間は，控訴趣意書差出最終日指定通知書
を控訴申立人に送付することによって通知します。

5　答弁書の提出

　答弁書は，控訴趣意書に対する相手方の意見を記載したも
ので，書面により控訴審裁判所に差し出すものです。

6　第１回公判期日の指定と被告人の召喚

　控訴審においては，被告人は，裁判所が特に出頭を命じた
場合以外は公判期日に出頭する義務はありません。しかし，
公判期日に出頭し，自ら防御権を行使する権利は保障する必
要がありますので，期日が指定されたときは，実務上，被告
人に対して公判期日召喚状による召喚の手続がとられていま
す。実際にも，被告人が出頭するケースが圧倒的に多いとさ
れています。

＊被告人に対する出頭命令

　　裁判所は，５０万円以下の罰金又は科料に当たる事件

以外の事件について，被告人の出頭がその権利の保護の
ため重要であると認めるときは，被告人の出頭を命ずる
ことができます。この出頭命令があると，被告人は，公
判期日に出頭する義務が課せられることになります。

第2節　控訴審における公判審理

1　概要

　控訴審の公判審理は，まず第1回公判期日で，控訴を申し
立てた当事者から控訴趣意書に基づく弁論がなされ，これに
対する相手方の答弁があります。必要がある場合は請求又は
職権により事実の取調べが実施されます。

　事実の取調べが終了すると，当事者の請求により事実の取
調べの結果に基づき弁論をすることができます。

　弁論が終結されると，判決宣告期日が指定されて，その期
日に判決が宣告されます。

　＊被告人の弁論能力の制限

　　裁判所が被告人質問を採用したときには，被告人は訴
　訟関係人の質問に対して任意の供述はできますが，弁論
　をすることはできないとされています。したがって，被
　告人のためにする弁論は，弁護人でなければこれをする
　ことができません。

2　公判期日の手続の流れ

(1)　通訳人の人定尋問と宣誓

　　第一審と同様の手続で行われます。

(2)　被告人の人定質問

　　控訴審では，人定質問は必要的なものではなく，出頭し

た場合でも適宜の方法で人違いでないことを調べれば足りるとされています。実務では，被告人が出頭したときは，人定質問がなされるのが通例です。なお，控訴審でも「被告人」と呼ばれることは第一審と同じです。

人定質問がされる場合は，第一審と同様に，裁判長が被告人に対し，氏名，生年月日，国籍，日本における住居及び職業等を尋ねます。

＊黙秘権の告知

控訴審では，黙秘権の告知は必要的ではありませんが，行われることもあります。また，事実の取調べとして被告人質問をする場合に，その実施前に告知することもあります。

(3) 控訴趣意書に基づく弁論

検察官及び弁護人は，控訴趣意書に基づいて弁論しなければならないとされています。控訴趣意書に記載した事項を基礎としてそれに関連する事項を説明したりすることや，控訴趣意書の範囲内であれば，期間経過後に提出された控訴趣意補充書あるいは控訴趣意補正書等に基づく弁論をすることも許されているのが実務の取扱いです。控訴趣意書の範囲を逸脱したり，趣意書に記載のない新しい主張を付加したりすることは許されません。

被告人側が控訴を申し立てた場合に，被告人が自ら控訴趣意書を書いて提出することがありますが，被告人には弁論能力がありませんので，弁護人がその判断で被告人提出の控訴趣意書をも含めて弁論をすることになります。

控訴趣意書に基づく弁論は，弁護人と被告人との間の打
合せにより被告人に控訴趣意書の内容があらかじめ伝わっ
ている場合には，「控訴趣意書記載のとおり」として行わ
れることがほとんどです。被告人に内容が伝わっていない
場合などは，弁護人が必要に応じて控訴趣意書の内容を要
約したり，自ら要旨を作成して，それに基づき述べたりし
ます。

(4)　控訴趣意書に対する相手方の意見（答弁）

　　控訴の申立ての相手方は，答弁書に基づき，又は答弁書
の提出がないときは口頭で，控訴申立人の控訴趣意書の内
容に反論する弁論をします。

　　被告人控訴の場合に，事前に検察官から答弁書が提出さ
れている場合には，「答弁書記載のとおり」として答弁す
ることがほとんどです。答弁書が提出されていない場合に
は，検察官が口頭で「本件控訴は理由がないので，棄却さ
れるべきである。」などと答弁することになります。

(5)　事実の取調べ

　　控訴審の審査は，控訴理由の有無の調査という形で行わ
れますが，事実の取調べはその調査の一方法です。控訴趣
意書に包含された事項についての調査は，義務的に行われ
ますが，事実の取調べはその調査に必要な場合に制限され
ています。

　　事実の取調べとしては，第一審における証拠調べの方法
にのっとり，証人尋問，検証，鑑定，被告人質問あるいは
書証の取調べなどが行われることになります。

このほか，審理の過程で訴因等が変更される場合もあります。

(6) 事実の取調べの結果に基づく弁論

事実の取調べをしたときは，検察官及び弁護人は，その結果に基づいた弁論をすることができますが，任意的なものです。そして，この弁論は，事実の取調べの結果，控訴理由の存否につき意見をふえんする必要がある場合にその点に限って認められるものです。したがって，事件全般についての意見を陳述する第一審のいわゆる論告や弁論とは性質を異にします。

なお，被告人には弁論能力がないので，事実の取調べの結果に基づく弁論を認めず，その最終陳述も認めない扱いが実務の大勢です。

(7) 次回公判期日の指定・告知

3 判決宣告期日

判決宣告・上訴期間等の告知

(判決主文例については110ページ，判決理由の例については136ページ参照)

＊被告人の収容

第一審判決で禁錮以上の刑の言渡しがされている場合に，控訴棄却の判決があると，保釈又は勾留の執行停止はその効力を失い，新たな保釈又は執行停止がない限り，被告人の身柄については，収容の手続がとられることになります。ただし，控訴審では直ちに収容の手続をとらないのが通例です。

第3編

法廷通訳参考例

第3編　法廷通訳参考例

　ここでは，刑事裁判における具体的なやりとりの例を取り上げ，通訳の参考例を対訳の形で収録しています。第1編，第2編の刑事裁判手続の説明と合わせて活用してください。

概要目次
Inhaltsverzeichnis

第1章　勾留質問手続

1　前置き

（裁）　私は，○○地方裁判所の裁判官です。検察官から勾留請求といって，引き続いてあなたを留置してほしいという請求がありました。そこで，これからあなたを勾留するかどうかを判断する前提として，あなたに対して被疑事実を告げ，それに関するあなたの陳述を聴くことにします。その前にいくつかの注意及び説明をします。

2　黙秘権の告知

（裁）　まず第一に，あなたには黙秘権があります。私の質問に対し，始めから終わりまで黙っていてもいいし，個々の質問に対して答えを拒むこともできます。答えないからといって，それだけで不利益な扱いを受けることはありません。

3　弁護人選任権の告知

（裁）　第二に，あなたは自分の費用で弁護人を選任する権利があります。弁護人を選任したいときには，特定の弁護士や弁護士法人，弁護士会を指定して申し出ることができます。申出をする場合は，この場で申し出ることもできますし，留置施設に申し出ることもできます。

（被疑者国選弁護人選任請求が行える場合）

　　あなたが経済的な理由などで自分の費用で弁護人を

Kapitel 1   Befragung in der Untersuchungshaft

1 Einleitung

(R) Ich bin Richter am Landgericht xx. Der Staatsanwalt hat

Untersuchungshaft für Sie beantragt. Um zu beurteilen,

ob diesem Antrag stattgegeben wird, werde ich den

mutmaßlichen Tatbestand vortragen und Ihre Aussage

dazu anhören. Vorher möchte ich Ihnen einige Hinweise

und Erläuterungen geben.

2 Belehrung über das Aussageverweigerungsrecht

(R) Erstens sind Sie berechtigt, die Aussage zu verweigern.

Sie können zu allen meinen Fragen schweigen oder die

Beantwortung einzelner Fragen verweigern. Die

Nichtbeantwortung einer Frage wird nicht zu Ihren

Ungunsten ausgelegt.

3 Belehrung über das Recht zur Wahl des Verteidigers

(R) Zweitens haben Sie das Recht, auf eigene Kosten einen

Verteidiger auszuwählen. Falls Sie einen Verteidiger

wählen möchten, können Sie einen bestimmten Anwalt,

eine bestimmte Kanzlei oder eine Anwaltsvereinigung

beauftragen. Sie können den Auftrag hier oder aus der

polizeilichen Haftanstalt erteilen.

(Falls ein Anrecht auf Auswahl eines Pflichtverteidigers

für den Beschuldigten besteht)

Wenn Sie aus wirtschaftlichen Gründen nicht auf eigene

選任することができないときは，裁判官に弁護人の選任を請求することができます。この請求をする場合には，資力申告書を提出しなければなりません。また，資力申告書の資力の合計額が 50 万円以上の場合には，あらかじめ，○○弁護士会に弁護人の選任の申出をしていなければなりません。

4 勾留の要件の説明

（裁）あなたに，罪を犯したと疑うに足りる相当な理由があり，かつ，住居が不定であるか，証拠を隠滅したり逃亡したりすることを疑うに足りる相当な理由がある場合には，勾留されることになるかもしれません。

5 勾留の期間の説明

（裁）勾留される期間は，原則として 10 日間です。しかし，場合によっては，10 日たつ前に釈放されることもありますし，更に最大 10 日間勾留が延長されることもあります。

6 被疑事実の告知

（裁）それでは，勾留請求の理由となっている犯罪事実を読むのでよく聞いてください。その後で，これに対して言いたいことがあったら述べてください。

「被疑者は，令和○○年 10 月 10 日午後 6 時 50

Kosten einen Verteidiger beauftragen können, können Sie einen Antrag auf Pflichtverteidigung beim Richter stellen. In diesem Fall müssen Sie eine Vermögensdeklaration abgeben. Wenn Ihr deklariertes Vermögen 500.000 Yen oder mehr beträgt, müssen Sie die Rechtsanwaltskammer xx mit der Benennung eines Verteidigers im Voraus beauftragen.

4 Erläuterung der Voraussetzungen für die Untersuchungshaft

(R) Wenn gegen Sie ein dringender Tatverdacht besteht, und Sie ferner keinen festen Wohnsitz haben oder ein dringender Verdacht auf Verdunklungs- oder Fluchtgefahr besteht, kann Untersuchungshaft gegen Sie angeordnet werden.

5 Erläuterung zur Dauer der Untersuchungshaft

(R) Die Dauer der Untersuchungshaft beträgt in der Regel 10 Tage. In bestimmten Fällen erfolgt die Entlassung jedoch bereits vor Ablauf von 10 Tagen, oder die Untersuchungshaft kann um bis zu 10 weitere Tage verlängert werden.

6 Belehrung über den mutmaßlichen Tatbestand

(R) Ich verlese jetzt die Tatsachen der Straftat, mit denen der Antrag auf Untersuchungshaft begründet wird. Hören Sie gut zu. Anschließend können Sie sich auf Wunsch dazu äußern.

Der Beschuldigte hat am 10. Oktober 20xx gegen 18:50

分ころ，〇〇市丸山町1番1号所在の株式会社甲百貨
店（代表取締役甲野太郎）本店3階貴金属売場におい
て，同社所有のダイヤモンド指輪1個（時価300万
円相当）を自己の背広の内側ポケットに入れて窃取し
たものである。」

7 被疑事実に対する陳述

（裁）　・　事実はそのとおり間違いありません。

　　　　・　身に覚えがありません。

　　　　・　検察庁で述べたとおりです。

8 勾留通知先

（裁）　あなたが勾留されることになった場合には，裁判所
　　　から弁護人あてにその旨を通知します。弁護人がない
　　　場合には，国内にいるあなたの配偶者，親兄弟等のう
　　　ち，あなたが指定する1人に通知します。また，弁
　　　護人もそのような家族もない場合には，雇主とか知人
　　　などのうちからあなたが指定する1人に通知します。
　　　通知先の氏名，住居，電話番号を述べてください。

（被）　日本にいる兄に連絡してください。

（裁）　住所と名前は。

（被）　名前は，Aです。私と同じところに住んでいます。

Uhr im zweiten Stockwerk in der Schmuckabteilung des

Kaufhauses „a" (Direktor Taro Kono) in 1-1

Maruyama-cho, xx-shi einen Diamantring (derzeitiger

Wert: 3 Millionen Yen) gestohlen, indem er ihn in die

Innentasche seiner Anzugjacke gesteckt hat.

7   **Aussage zum mutmaßlichen Tatbestand**

(B)   - Dies entspricht den Tatsachen.

- Ich bin mir keiner Schuld bewusst.

- Alles, was ich in dieser Angelegenheit zu sagen habe,

habe ich bereits dem Staatsanwalt mitgeteilt.

8   **Mitteilung zur Untersuchungshaft**

(R) Wenn Untersuchungshaft gegen Sie angeordnet wird, wird

das Gericht dies Ihrem Verteidiger mitteilen. Wenn Sie

keinen Verteidiger haben, können Sie eine in Japan

lebende Person wie etwa einen Ehepartner, ein Elternteil

oder Geschwister benennen, an die die Mitteilung ergehen

soll. Wenn Sie weder einen Verteidiger noch solche

Familie haben, können Sie beispielsweise Ihren

Arbeitgeber oder einen Bekannten benennen. Bitte geben

Sie Namen, Adresse und Telefonnummer der Person an, an

die die Mitteilung erfolgen soll.

(B) Bitte benachrichtigen Sie meinen in Japan lebenden

Bruder.

(R) Was sind seine Adresse und sein Name?

(B) Sein Name lautet A. Er wohnt unter derselben Adresse wie

9 領事機関への通報

（裁）　あなたは，○○国国民として，領事関係に関するウ
　　　　ィーン条約第36条第1項（b）の規定により，勾
　　　　留の事実を○○国領事官に通報することを要求します
　　　　か。

（被）　通報することを要求します。〈要求しません。〉

（裁）　なお，領事機関に対しては，我が国の法令に反しな
　　　　い限り，信書を発することができます。

10 読み聞け

（書）　あなたが述べたことを調書に書きましたので，それ
　　　　を読み上げます。間違いなければここに署名して，左
　　　　人指し指で指印してください。

第2章　公判手続

1 開廷宣言

（裁）　開廷します。

2 通訳人の宣誓

（通）　良心に従って誠実に通訳をすることを誓います。

3 人定質問

（裁）　被告人は前に出てください。＜被告人は起立してくだ
　　　　さい。＞

ich.

9 **Mitteilung an das Konsulat**

(R) Verlangen Sie als Bürger des Landes xx, dass gemäß den
Bestimmungen von Artikel 36 Abs. 1(b) des Wiener
Übereinkommens über konsularische Beziehungen der
Konsul des Landes xx über Ihre Untersuchungshaft
informiert wird?

(B) Ja, er soll informiert werden. [Nein.]

(R) Sofern dies nicht gegen japanische Gesetze und
Verordnungen verstößt, können Sie dem Konsulat ein
Schreiben zukommen lassen.

10 **Verlesung**

(P) Ich habe Ihre Aussagen zu Protokoll genommen und werde
sie jetzt verlesen. Falls alles zutrifft, unterschreiben Sie
bitte hier und bringen Sie einen Abdruck Ihres linken
Zeigefingers auf.

Kapitel 2 Hauptverhandlung

1 **Eröffnung der Gerichtssitzung**

(R) Die Sitzung wird hiermit eröffnet.

2 **Vereidigung des Dolmetschers**

(D) Ich schwöre, dass ich alles Gesagte nach bestem Wissen
und Gewissen übersetzen werde.

3 **Vernehmung über persönliche Verhältnisse**

(R) Angeklagter, bitte treten Sie vor. [Angeklagter, bitte
stehen Sie auf.]

名前は何と言いますか。

　　　生年月日はいつですか。

　　　国籍（本籍）はどこですか。

　　　日本国内に定まった住居はありますか。

　　　職業は何ですか。

4　起訴状朗読

（裁）　それでは，これから被告人に対する〇〇被告事件に
　　　ついての審理を始めます。

　　　起訴状は受け取っていますね。

　　　まず，起訴状が朗読されますから，被告人は聞いて
　　　いてください。

　　　検察官，起訴状を朗読してください。

5　黙秘権の告知

（裁）　これから，今朗読された事実についての審理を行い
　　　ますが，審理に先立ち被告人に注意しておきます。被
　　　告人には黙秘権があります。したがって，被告人は答
　　　えたくない質問に対しては答えを拒むことができます
　　　し，また，始めから終わりまで黙っていることもでき
　　　ます。もちろん質問に対して答えたいときには答えて
　　　よいですが，被告人がこの法廷で述べたことは，被告
　　　人に有利，不利を問わず証拠として用いられることが
　　　ありますから，そのことを念頭に置いて答えるように
　　　してください。

Wie heißen Sie?

Wann sind Sie geboren?

Was ist Ihre Staatsangehörigkeit (wo sind Sie

gemeldet)?

Haben Sie einen festen Wohnsitz in Japan?

Was ist Ihre Beschäftigung?

4 Verlesung der Klageschrift

(R) Wir beginnen jetzt mit der Verhandlung bezüglich der

Strafsache xx gegen den Angeklagten.

Sie haben die Klageschrift erhalten?

Zunächst wird die Klageschrift verlesen; der

Angeklagte wird aufgefordert, zuzuhören.

Die Staatsanwaltschaft wird gebeten, jetzt die

Klageschrift zu verlesen.

5 Belehrung über das Aussageverweigerungsrecht

(R) Nun werden die soeben vorgelesenen Tatsachen

verhandelt; zuvor erhält der Angeklagten einige

Hinweise. Sie sind berechtigt, die Aussage zu verweigern.

Sie können die Beantwortung bestimmter Fragen

verweigern, die Sie nicht beantworten wollen, oder zu

allen Fragen schweigen. Es steht Ihnen frei, auf Fragen zu

antworten, doch Sie sollten bei Ihren Antworten daran

denken, dass alle Ihre vor diesem Gericht gemachten

Aussagen, ungeachtet dessen, ob sie Sie belasten oder

nicht, als Beweise verwertet werden.

6 被告事件に対する陳述

（裁） 検察官が今読んだ事実について何か述べることはあ
りますか。

（被） ・ 事実はそのとおり間違いありません。

・ 事実は身に覚えがありません。

・ 酒を飲んでいたので，よく覚えていません。

・ 物を取ったのは確かですが，人は殺していませ
ん。

・ 被害者を刺したのは確かですが，殺すつもりは
ありませんでした。

7 弁護人の意見

（弁） ・ 被告人の陳述のとおりです。

・ 被告人には，窃盗の故意がないので，無罪を主
張します。

・ 被告人には，窃盗の実行の着手がありませんの
で，無罪を主張します。

・ 被告人の行為は正当防衛に当たるので，無罪を
主張します。

8 検察官の冒頭陳述

（裁） それでは検察官，冒頭陳述を行ってください。

検察官が証拠によって証明しようとする事実を述べ
ますので，被告人は聞いていてください。

6 Aussage zur Klage

(R) Möchten Sie sich zu den vom Staatsanwalt vorgetragenen Tatsachen äußern?

(B) - Dies entspricht den Tatsachen.

- Ich bin mir keiner Schuld bewusst.

- Ich habe getrunken und kann mich nicht gut erinnern.

- Ich habe etwas entwendet, aber niemanden getötet.

- Ich habe auf das Opfer eingestochen, wollte es jedoch nicht töten.

7 Meinungsäußerung des Verteidigers

(V) - Die Aussage des Angeklagten entspricht den Tatsachen.

- Der Angeklagte besteht auf seiner Unschuld, da er keinen Vorsatz des Diebstahls hatte.

- Der Angeklagte besteht auf seiner Unschuld, da er nicht zur Tatbestandsverwirklichung angesetzt hat.

- Der Angeklagte besteht auf seiner Unschuld, da die Handlungen des Angeklagten in berechtigter Notwehr erfolgten.

8 Eröffnungsvortrag der Staatsanwaltschaft

(R) Ich fordere nun die Staatsanwaltschaft zur Verlesung ihres Eröffnungsvortrags auf.

Der Angeklagte ist aufgefordert, zuzuhören, da die Staatsanwaltschaft die Tatsachen vortragen wird, die sie

（検）　検察官が証拠により証明しようとする事実は次のと
　　　おりであります。被告人は・・・・。

9　弁護人の冒頭陳述

（公判前整理手続が実施された場合で，弁護側の主張がある
ときには必ず行われるが，同手続が実施されなかった場合
でも行われることがあり得る。）

（裁）　続いて，弁護人の冒頭陳述をどうぞ。

（弁）　それでは，弁護人の冒頭陳述を申し上げます。被告
　　　人は，本件犯行を行っておらず，無罪です。すなわち
　　　・・・・。

10　公判前整理手続の結果顕出

（公判前整理手続が実施された場合）

（裁）　次に，公判前整理手続の結果を明らかにする手続を
　　　行います。この公判に先立ち，裁判所，検察官，弁護
　　　人の3者によって行われた公判前整理手続の結果，本
　　　件における主たる争点は，次の2点であることが明ら
　　　かになっています。まず第1点は・・・・。

11　証拠調べ請求

（検）　証拠等関係カード（甲）（乙）記載の各証拠の取調

durch Beweise zu belegen sucht.

(S) Die Staatsanwaltschaft wird folgende Tatsachen durch Beweise belegen. Der Angeklagte...

9 Eröffnungsvortrag des Verteidigers

(Dieser erfolgt in jedem Fall, wenn ein Vorverfahren vor der Hauptverhandlung stattgefunden hat und seitens der Verteidigung Behauptungen vorgetragen werden, und von Fall zu Fall, wenn kein solches Vorverfahren stattgefunden hat.)

(R) Ich bitte nun die Verteidigung um ihren Eröffnungsvortrag.

(V) Ich verlese hiermit den Eröffnungsvortrag der Verteidigung. Der Angeklagte hat die vorliegende Straftat nicht begangen und ist unschuldig. Denn...

10 Verlautbarung der Ergebnisse des Vorverfahrens vor der Hauptverhandlung

(Wenn ein Vorverfahren vor der Hauptverhandlung stattgefunden hat)

(R) Es folgt nun eine Darlegung der Ergebnisse des Vorverfahrens vor der Hauptverhandlung. Das Ergebnis des Vorverfahrens des Gerichts, der Staatsanwaltschaft und der Verteidigung vor der Hauptverhandlung lautet, dass die zwei Streitpunkte im vorliegenden Fall im Wesentlichen folgende sind. Der erste Punkt lautet...

11 Antrag auf Beweisaufnahme

(S) Wir beantragen die Aufnahme der in den Listen (a, b)

べを請求します。

12　証拠（書証・証拠物）請求に対する意見

（裁）　弁護人，御意見はいかがですか。

（弁）　・　すべて同意します。
　　　　・　甲3号証と甲4号証の目撃者Aの検察官と司法
　　　　　　警察員に対する供述調書については不同意です。
　　　　　　その余の各証拠は同意します。

　　　　・　証拠物については異議ありません。
　　　　・　乙3号証の被告人の司法警察員に対する供述調
　　　　　　書は，取調べ警察官の脅迫により録取されたもの
　　　　　　であり，任意性を争います。

　　　　・　乙5号証の被告人の司法警察員に対する供述調
　　　　　　書は，供述録取に際し，共犯者をかばって供述し
　　　　　　たものであるので，その調書には信用性がありま
　　　　　　せん。

　　　　・　乙9号証の被告人の検察官に対する供述調書
　　　　　　は，検討中のため意見を留保します。

aufgeführten Beweise.

12 Meinungsäußerung zu den beantragten Beweisen (Urkundsbeweise, Beweisobjekte)

(R) Die Verteidigung wird zur Meinungsäußerung aufgefordert.

(V)   - Die Verteidigung stimmt allen Beweisen zu.

- Die Verteidigung widerspricht dem Vernehmungsprotokoll des Zeugen A durch den Staatsanwalt und einen Justizpolizeibeamten von Beweis A3 und A4. Den übrigen Beweisen stimmt die Verteidigung zu.

- Kein Einspruch gegen die Beweisobjekte.

- Die Verteidigung bestreitet die Freiwilligkeit im Zusammenhang mit dem Protokoll der Vernehmung des Angeklagten durch einen Justizpolizeibeamten von Beweis B3, da es unter Einschüchterung durch die Polizei aufgenommen wurde.

- Die Verteidigung hält das Protokoll der Vernehmung des Angeklagten durch einen Justizpolizeibeamten von Beweis B5 für nicht glaubwürdig, da der Angeklagte zum Zeitpunkt seiner Aussage versuchte, seinen Mittäter zu schützen.

- Die Verteidigung überprüft derzeit noch das Protokoll der Vernehmung des Angeklagten durch den Staatsanwalt von Beweis B9 und behält sich deshalb

13 書証の要旨の告知・証拠物の展示

（裁）　それでは，同意のあった各証拠は採用し，取り調べ
　　　ることにします。検察官，書証の要旨を告知し，証拠
　　　物を示してください。

　　　　検察官が書証の要旨を告げますので，被告人は聞い
　　　ていてください。

（検）　・　甲１号証は，司法警察員作成の捜査報告書です。
　　　被告人の出入国状況を示したもので，「被告人は，
　　　令和〇〇年10月14日，Y国から，短期在留資
　　　格（90日）の条件で来日した。在留資格は，令
　　　和〇〇年1月12日までとなっているが，在留
　　　期間の更新は受けていない。」という内容です。

　　　・　甲２号証は，被告人の婚約者甲野花子の司法警
　　　察員に対する供述調書です。内容は被告人の生活
　　　状況です。

　　　・　乙１号証は，被告人の司法警察員に対する供述
　　　調書です。
　　　被告人の身上，経歴等を述べたものです。

eine Stellungnahme vor.

13 Darlegung des Inhalts der Urkundsbeweise / Präsentation der Beweisobjekte

(R) Wir untersuchen nun die zugelassenen Beweise. Die Staatsanwaltschaft wird aufgefordert, den Inhalt der Urkundsbeweise darzulegen und die Beweisobjekte zu präsentieren.

Der Angeklagte ist aufgefordert, zuzuhören, da die Staatsanwaltschaft nun den Inhalt der Urkundsbeweise darlegen wird.

(S) - Beweis A1 ist der durch einen Justizpolizeibeamten erstellte Ermittlungsbericht. Zum Aufenthaltsstatus des Angeklagten heißt es darin: „Der Angeklagte ist am 14. Oktober 20xx aus Y mit einem Kurzzeitaufenthaltstitel (90 Tage) eingereist. Seine Aufenthaltsberechtigung galt somit bis zum 12. Januar 20xx, und er hat keine Verlängerung beantragt.“

- Beweis A2 ist das Protokoll der Vernehmung der Verlobten Hanako Kono des Angeklagten durch einen Justizpolizeibeamten. Der Inhalt betrifft die Lebensumstände des Angeklagten.

- Beweis B1 ist das Protokoll der Vernehmung des Angeklagten durch einen Justizpolizeibeamten. Es betrifft die Angaben zur Person und den

・　乙2号証，乙3号証は，被告人の司法警察員
に対する供述調書であり，乙4号証は，被告人の
検察官に対する供述調書です。

　　乙2号証から乙4号証は，いずれも被告人が
本件の犯行状況について述べたものですので，乙
4号証でまとめて要旨を告げます。
　　「私は，日本で働いてお金を稼ぐために，令和
〇〇年10月14日，Y国から，日本に来ました。
日本では，最初に鈴木建設という会社で働き，次
に田中土建という会社で働きました。在留期間が
令和〇〇年1月12日までということは分かって
いましたが，お金を稼ぎたいのでそのまま日本に
いました。」

・　乙5号証は，被告人の身上関係についての捜査
報告書です。

14　証人申請
（裁）　検察官，不同意とされた証拠についてはどうされま
すか。

（検）　撤回して，証人Aを申請します。

15　証人申請に対する意見及び証人の採用

Werdegang des Angeklagten.

- Beweis B2 und B3 sind Protokolle der Vernehmung des Angeklagten durch einen Justizpolizeibeamten, und Beweis B4 ist das Protokoll der Vernehmung des Angeklagten durch die Staatsanwaltschaft.

In den Beweisen B2 bis B4 sagt der Angeklagte zum Hergang der Straftat des vorliegenden Falles aus, wobei Beweis 4 folgende Zusammenfassung enthält.

„Ich bin am 14. Oktober 20xx aus Y nach Japan gekommen, um in Japan zu arbeiten und Geld zu verdienen. Zunächst habe ich in Japan für eine Baufirma namens Suzuki Kensetsu und dann für eine Baufirma namens Tanaka Doken gearbeitet. Ich wusste, dass ich nur bis zum 12. Januar 20xx bleiben durfte, doch weil ich weiter Geld verdienen wollte, bin ich in Japan geblieben."

- Beweis B5 ist der Untersuchungsbericht zu den persönlichen Umständen des Angeklagten.

14 Antrag auf Zulassung von Zeugen

(R) Was beabsichtigt die Staatsanwaltschaft bezüglich der Beweise zu tun, denen die Verteidigung nicht zugestimmt hat?

(S) Wir ziehen sie zurück und rufen den Zeugen A.

15 Meinungsäußerung zum Antrag auf Zulassung von Zeugen und Aufruf des Zeugen

（裁）　弁護人，御意見は。

（弁）　しかるべく。

（裁）　それでは，Ａを証人として採用します。

16　証人の尋問手続

(1)　証人の宣誓

（裁）　ただいまから，あなたをこの事件の証人として尋
　　　問しますから，まずうそをつかないという宣誓をし
　　　てください。その宣誓書を朗読してください。

（証）　宣誓　良心に従って真実を述べ，何事も隠さず，
　　　偽りを述べないことを誓います。証人Ａ。

（裁）　証人は，今宣誓したように本当のことを証言して
　　　ください。もし宣誓した上で虚偽の証言をすると，
　　　偽証罪で処罰されることがあります。

　　　　証人が証言することによって証人自身又は証人の
　　　近親者が刑事訴追を受けたり，有罪の判決を受ける
　　　おそれのある事柄については，証言を拒むことがで
　　　きますから，その場合には申し出てください。

(2)　異議申立て及びその裁定

（検）　弁護人のただいまの発問は，誘導尋問ですから，
　　　異議を申し立てます。

(R) Die Verteidigung wird zur Meinungsäußerung
aufgefordert.

(V) Die Verteidigung ist einverstanden.

(R) Hiermit rufe ich also A als Zeugen auf.

16 Zeugenvernehmung

(1) Vereidigung des Zeugen

(R) Wir werden Sie jetzt als Zeugen im vorliegenden Fall
befragen; schwören Sie bitte, dass Sie wahrheitsgemäß
antworten werden. Lesen Sie bitte den Eid laut vor.

(Z) Ich schwöre, dass ich nach bestem Wissen und Gewissen
die Tatsachen darstelle, nichts verschweige und nicht
die Unwahrheit sage. Zeuge A.

(R) Der Zeuge wird aufgefordert, nun unter Eid
wahrheitsgemäße Aussagen zu machen. Im Falle einer
Falschaussage können Sie wegen Meineids belangt
werden.

Der Zeuge wird darauf hingewiesen, dass er zu
Angelegenheiten, die die Gefahr mit sich bringen, dass
der Zeuge oder dem Zeugen nahestehende Personen
strafrechtlich verfolgt oder verurteilt werden, die
Aussage verweigern darf; bitte teilen Sie uns dies
entsprechend mit.

(2) Einlegung von Einspruch und Beurteilung desselben

(S) Einspruch: Die soeben von der Verteidigung gestellte
Frage ist eine Fangfrage.

(弁) 反対尋問においては，誘導尋問も許されるので，検察官の異議の申立ては，理由がないと思料いたします。

(裁) 異議を棄却します。

(3) 証人尋問の終了

(裁) 証人尋問を終わります。証人は，お疲れさまでした。

17 その他の手続

(1) 弁論の併合決定

(裁) 本件に被告人に対する令和〇〇年（わ）第〇〇号強盗被告事件を併合して審理します。

(2) 訴因及び罰条等の変更

(検) 起訴状記載の訴因を「被告人は・・・・したものである。」と，罪名及び罰条を「窃盗　刑法235条」とそれぞれ変更の請求をします。

(弁) 検察官の請求に異議ありません。

(裁) 訴因及び罰条等の変更を許可します。

(3) 被害者特定事項の秘匿決定後，被害者の呼称の定めがされた場合

(V) Bei einem Kreuzverhör sind auch Fangfragen zulässig, weshalb wir den Einspruch der Staatsanwaltschaft für unbegründet halten.

(R) Der Einspruch wird zurückgewiesen.

(3) Ende der Zeugenvernehmung

(R) Damit ist die Zeugenvernehmung beendet. Wir danken dem Zeugen für seine Kooperation.

17 Sonstige Verfahren

(1) Verfahrensverbindung in der mündlichen Verhandlung

(R) Die Verhandlung des vorliegenden Falls erfolgt unter Zusammenlegung mit der Anklage wegen Raubes Nr. (WA-xx) 20xx gegen den Angeklagten.

(2) Änderung des Anklagepunkts und der anzuwendenden Rechtsvorschrift

(S) Der Anklagepunkt in der Klageschrift lautet „Der Angeklagte hat …"; wir beantragen hiermit für die Deliktsbezeichnung sowie für die anzuwendende Rechtsvorschrift jeweils eine Änderung in „Diebstahl §235 Strafgesetz".

(V) Kein Einspruch gegen den Antrag der Staatsanwaltschaft.

(R) Die Änderung des Anklagepunkts und der anzuwendenden Rechtsvorschrift wird zugelassen.

(3) Bei einer Regelung zur Benennung eines Geschädigten nach einer Entscheidung zur Geheimhaltung der Identität des

（裁）　今後の審理においては，令和○○年6月20日
　　　　付け起訴状記載の公訴事実第1の被害者のことを
　　　　「被害者A」と，同年7月10日付け追起訴状記
　　　　載の被害者のことを「被害者B」と呼ぶこととしま
　　　　す。
(4)　被害者参加許可決定

（検）　本日，被害者Aさんから被害者参加の申出があり
　　　　ました。検察官としては，相当であると考えます。

（裁）　弁護人の御意見はいかがですか。

（弁）　しかるべく。
（裁）　申出人の本件被告事件の手続への参加を許可しま
　　　　す。
(5)　被害者等の被害に関する心情その他の被告事件に関する
　　　意見陳述
　　　（被害者等からの申出がある場合）
（裁）　被害者の方からの心情その他の意見陳述を行いま
　　　　す。では，被害者の方は証言台に進んで，その意見
　　　　を陳述してください。

（害）　・　私は，被告人に殴られて，半年も入院しまし
　　　　　た。その間，身体の自由が利かず，仕事もできず，

－78－

Geschädigten

(R) In der nachfolgenden Verhandlung wird der Geschädigte
aus Anklagepunkt Nr. 1 der Klageschrift vom 20. Juni
20xx als „Geschädigter A" und der Geschädigte aus der
zusätzlichen Klageschrift vom 10. Juli als
„Geschädigter B" bezeichnet.

(4) Entscheidung über die Zulassung der Prozessteilnahme von
Geschädigten

(S) Heute hat der Geschädigte A einen Antrag zur
Teilnahme am Verfahren gestellt. Die
Staatsanwaltschaft sieht dies als angemessen an.

(R) Die Verteidigung wird zur Meinungsäußerung
aufgefordert.

(V) Die Verteidigung ist einverstanden.

(R) Die Teilnahme des Antragstellers am Verfahren in der
vorliegenden Strafsache wird zugelassen.

(5) Äußerung von Geschädigten zu ihren Gefühlen und
Meinungserklärung zum Fall
(auf Antrag des Geschädigten)

(R) Der Geschädigte wird nun seine Gefühle und seine
Meinung zum vorliegenden Fall vortragen. Der
Geschädigte wird gebeten, zum Zeugentisch vorzutreten
und seine Aussage zu machen.

(G)   - Ich wurde vom Angeklagten geschlagen und musste
ein halbes Jahr im Krankenhaus verbringen. Er

とてもつらい思いをしました。

・　被告人のことは，絶対に許せません。

(6)　即決裁判手続

　ア　被告事件に対する有罪の陳述

　　（起訴状朗読及び黙秘権の告知後）

　　（裁）　検察官が今読んだ事実について何か述べること
　　　　　はありますか。

　　（被）　間違いありません。

　　（裁）　事実は間違いないということですが，この事実
　　　　　について，有罪であるとして処罰されても構わな
　　　　　いということですか。

　　（被）　はい。

　イ　弁護人の意見

　　（裁）　弁護人の御意見は。

　　（弁）　被告人の陳述と同様です。

　ウ　即決裁判手続によって審判する旨の決定

　　（裁）　本件については，検察官から即決裁判手続の申
　　　　　立てがされています。被告人，弁護人は即決裁判
　　　　　手続によることについて同意しており，被告人は
　　　　　有罪である旨の陳述をしていますので，本件を即
　　　　　決裁判手続によって審判することとします。

schränkte meine Freiheiten so sehr ein, dass ich

nicht einmal arbeiten gehen konnte, was sehr hart

war.

- Ich kann dem Angeklagten keinesfalls verzeihen.

(6) Schnellverfahren

a   Schuldbekenntnis in der vorliegenden Strafsache

(nach der Verlesung der Klageschrift und der Belehrung

zum Aussageverweigerungsrecht)

(R) Möchten Sie sich zu den von der Staatsanwaltschaft

vorgetragenen Tatsachen äußern?

(A) Diese treffen zu.

(R) Sie geben zu, dass die Tatsachen zutreffen; stimmen

Sie demnach zu, schuldig zu sein und verurteilt zu

werden.

(A) Ja.

b   Meinungsäußerung der Verteidigung

(R) Die Verteidigung wird zur Meinungsäußerung

aufgefordert.

(V) Wir schließen uns der Aussage des Angeklagten an.

c   Entscheidung zum Schnellverfahren

(R) Die Staatsanwaltschaft hat im vorliegenden Fall ein

Schnellverfahren beantragt. Der Angeklagte und die

Verteidigung stimmen dem Schnellverfahren zu, und

da der Angeklagte bereits seine Schuld eingestanden

hat, wird der vorliegende Fall im Schnellverfahren

エ　証拠調べ請求等

（裁）　では，証拠調べに入ります。検察官，証拠調べ
　　　　請求をお願いします。

（検）　本件公訴事実を立証するため，証拠等関係カー
　　　　ド（甲）（乙）記載の各証拠の取調べを請求します。

（裁）　弁護人，いかがですか。

（弁）　いずれも，証拠とすることに異議はありません。

18　論告

（裁）　検察官，御意見を伺います。

　　　　検察官がこの事件に対する意見を述べますので，被
　　　　告人は聞いていてください。

（検）　それでは論告いたします。
　　　・　まず，事実についてですが，本件公訴事実は，
　　　　当公判廷で取り調べられた関係各証拠によって証
　　　　明十分と思料します。
　　　・　情状について申し上げます。本件は，被告人が，
　　　　金を稼ぐ目的で，当初から不法に残留することを
　　　　予定して入国し，2年余りにわたって不法に残留

behandelt.

d   Antrag auf Beweisaufnahme usw.

(R) Wir beginnen jetzt mit der Beweisaufnahme. Die Staatsanwaltschaft wird aufgefordert, ihren Beweisantrag zu stellen.

(S) Wir beantragen die Aufnahme der in den Listen (a, b) aufgeführten Beweise, um die Verhandlungstatsachen im vorliegenden Fall zu beweisen.

(R) Die Verteidigung wird zur Meinungsäußerung aufgefordert.

(V) Die Verteidigung erhebt keinen Einspruch gegen die Beweise.

18 Plädoyer der Staatsanwaltschaft

(R) Die Staatsanwaltschaft wird zur Meinungsäußerung aufgefordert.

Der Angeklagte ist aufgefordert, zuzuhören, da die Staatsanwaltschaft nun ihre Meinung zum vorliegenden Fall äußert.

(S) Unser Plädoyer lautet wie folgt.

- Die Tatsachen des vorliegenden Falls dürften durch die vor diesem Gericht präsentierten Beweise ausreichend belegt sein.

- Wir äußern uns nun zu den Umständen der Strafzumessung. Im vorliegenden Fall hat sich der Angeklagte zum Zweck des Gelderwerbs mehr als 2

した事案であり，その残留期間の長さなどを考えると，被告人の刑事責任は重大であります。

・　求刑ですが，以上諸般の事情を考慮し，相当法条適用の上，被告人を，懲役 1 年 6 月に処するのを相当と思料します。

19　被害者参加人の弁論としての意見陳述

（事前に被害者参加人からの申出がされ，これが許可されている場合）

（裁）　では，弁論としての意見陳述をお願いします。

（参）　この事件の被害者参加人として，私の意見を述べます。

・　被告人は，何の関係もない私に対し，いきなり言い掛かりをつけ，その後，急に殴りかかってきました。

・　このため，私は 1 か月もの入院を余儀なくされるほどの重傷を負いました。入院中は身体の自由が利かず，本当につらい思いをしました。

・　被告人は，私にも落ち度があるなどといって謝罪すら行わず，また，慰謝料はおろか，入院費用

Jahre lang illegal im Land aufgehalten; angesichts der Länge des illegalen Aufenthalts halten wir die strafrechtliche Schuld des Angeklagten für schwerwiegend.

- Unter Berücksichtigung der genannten Umstände und unter Anwendung der relevanten Gesetze halten wir eine Freiheitsstrafe mit Arbeitsverpflichtung von 1 Jahr und 6 Monaten für angemessen.

19 Abschließende Meinungsäußerung des Geschädigten

(bei vorheriger Beantragung durch den Geschädigten und entsprechender Zulassung)

(R) Der Geschädigte wird nun zu seiner abschließenden Meinungsäußerung aufgefordert.

(G) Meine Meinung als Geschädigter in diesem Fall ist folgende.

- Der Angeklagte hat mich als gänzlich unbeteiligte Person beschuldigt und dann plötzlich auf mich eingeschlagen.
- Dadurch wurde ich so schwer verletzt, dass ich einen Monat lang im Krankenhaus bleiben musste. Der Krankenhausaufenthalt bedeutete eine starke Freiheitseinschränkung für mich und hat mich sehr mitgenommen.
- Der Angeklagte behauptete, auch ich trage einen Teil der Schuld, und wollte sich nicht einmal

さえも支払っていません。

・　このような被告人のことは，どうしても許せません。私は，被告人を懲役 4 年の刑にしてほしいと思います。

20　弁護人の弁論

（裁）　弁護人の御意見を伺います。

（弁）　では，被告人のため，弁論いたします。

(1)　出入国管理及び難民認定法違反（自白事件）の例

・　本件公訴事実に関しては，被告人は当公判廷においてもこれを素直に認めており，弁護人としてもこれに対し特段異議をとどめるべき点はございません。

・　被告人も当公判廷で供述したとおり，本件は弁解の余地のない違法行為であり，被告人自身，長期にわたる不法残留については十分反省し，国外に退去した後は 2 度と日本には来ないと供述しており，今後 2 度とこのような違法行為を繰り返さないことを誓っているものです。

entschuldigen; weder hat er die Krankenhauskosten

beglichen noch ein Schmerzensgeld gezahlt.

- Ich kann dem Angeklagten auf keinen Fall verzeihen.

Ich fordere eine Freiheitsstrafe mit

Arbeitsverpflichtung von 4 Jahren für den

Angeklagten.

20 Plädoyer des Verteidigers

(R) Die Verteidigung wird zur Meinungsäußerung

aufgefordert.

(V) Wir kommen nun zu unserem Plädoyer für den

Angeklagten.

(1) Beispiel des Verstoßes gegen das Gesetz Kontrolle von

Immigration und zur Anerkennung des Flüchtlingsstatus (mit

Geständnis)

- Der Angeklagte hat den vorliegenden Tatbestand vor

diesem Gericht freimütig zugegeben, sodass auch die

Verteidigung hinsichtlich dieses Punktes keinen Grund

für einen Einspruch erkennen kann.

- Wie der Angeklagte bereits vor diesem Gericht ausgesagt

hat, handelt es sich um eine eindeutige Rechtswidrigkeit;

der Angeklagte zeigt sich hinsichtlich seines langen

illegalen Aufenthalts einsichtig und gibt an, nach dem

Verlassen des Landes nie wieder nach Japan zurückkehren

zu wollen, und schwört, dass es zu keiner Wiederholung

kommen wird.

- ・　被告人の残留目的は，就労であり，それ以外の不法
　な目的を有していたものではありません。

- ・　現に，来日してから逮捕されるまでの間は，まじめ
　に稼働しており，本件以外の犯罪を犯したこともなく，
　前科前歴はありません。

- ・　被告人は今回，逮捕，勾留，起訴という厳しい処分
　を受け，既に相当の期間の身柄拘束処分を受けており，
　十分な社会的，経済的制裁を受けています。

- ・　以上の事情を併せ考慮されて，被告人に是非とも自
　力更生，再起の機会を与えていただきたく，執行猶予
　の寛大な判決を下されるよう，切にお願いする次第で
　す。

(2)　窃盗（否認事件）の例

- ・　被告人は，指輪を買うつもりだったのであり，窃盗
　の故意はなく，無罪です。このことは証拠によって認
　められる次の事実から明らかであります。

（中略）

- ・　以上のことから，被告人には窃盗の故意がなく，無
　罪であります。

21　被告人の最終陳述

- Das Motiv für die Überschreitung der Aufenthaltsfrist des Angeklagten war Arbeit, und er hat keine weiteren rechtswidrigen Absichten gehabt.

- Von der Zeit seiner Ankunft in Japan bis zu seiner Verhaftung hat er sich vorbildlich verhalten und mit Ausnahme des vorliegenden Falles keine Straftat begangen; auch ist er weder vorbestraft noch polizeilich auffällig gewesen.

- Durch die Festnahme, die Untersuchungshaft und die Anklage ist die Freiheit des Angeklagten bereits für recht lange Zeit eingeschränkt worden, und er ist somit bereits in ausreichendem Maße gesellschaftlich und wirtschaftlich gemaßregelt worden.

- Angesichts der genannten Umstände bitten wir dringend um ein großzügiges Urteil mit Strafaussetzung zur Bewährung, um dem Angeklagten die Möglichkeit der selbständigen Besserung und eines Neuanfangs zu geben.

(2) Beispiel: Diebstahl (mit Anfechtung)

- Der Angeklagte ist unschuldig, denn er hatte vor, den Ring zu kaufen, und hatte keinerlei Diebstahlsabsicht. Dies geht aus der folgenden Tatsache hervor.

(...)

- Daraus geht hervor, dass der Angeklagte keinen Vorsatz des Diebstahls hatte und unschuldig ist.

21 Abschließende Aussage des Angeklagten

（裁）　これで審理を終わりますが，最後に何か言っておき
　　　　たいことはありますか。

（被）　・　申し訳ないことをしたと思います。

　　　　・　私は盗むつもりはありませんでした。早く自分
　　　　　　の国へ帰らせてください。

22　公判期日の告知

(1)　次回公判期日の告知

　　（裁）　次回公判期日は，令和〇〇年 11 月 8 日午前 10
　　　　　時 30 分と指定します。

(2)　判決言渡期日の告知

　　（裁）　それでは，判決は令和〇〇年 12 月 6 日午後 1
　　　　　時にこの法廷で言い渡します。

23　判決宣告

（裁）　被告人に対する〇〇被告事件の判決を言い渡しま
　　　　す。

　　　　（判決主文の例については，第 3 章及び第 4 章参照）

　　　　理由・　当裁判所が証拠により認定した罪となるべ
　　　　　　　き事実（犯罪事実）の要旨は次のとおりであ
　　　　　　　る。

　　　　　・　そこで，所定の法条（法律）を適用して，
　　　　　　主文のとおり判決する。

　　　　　・　刑を定めるに当たって考慮した事情は以下
　　　　　　のとおりである。

(R) Die Verhandlung endet hiermit; gibt es zum Schluss noch
etwas, das Sie äußern möchten?

(A)   - Ich möchte sagen, dass es mir leid tut.

        - Ich wollte nicht stehlen. Bitte lassen Sie mich
        möglichst bald in meine Heimat zurückkehren.

22 Verkündung des Termins der Gerichtsverhandlung

(1) Verkündung des nächsten Verhandlungstermins

(R) Der nächste Verhandlungstermin ist auf den 8.
November 20xx um 10:30 Uhr festgesetzt.

(2) Verkündung des Tags der Urteilsverkündung

(R) Das Urteil wird am 6. Dezember 20xx um 13:00 Uhr in
diesem Gericht verkündet.

23 Verkündung des Urteils

(R) In der vorliegenden Strafsache   xx ergeht hiermit
folgendes Urteil gegen den Angeklagten.

(Zu Beispielen für Urteilstexte siehe Kapitel 3 und 4)
Begründung

        - Der Tatbestand, der das Verbrechen konstituiert
        und von dem sich dieses Gericht durch Beweise
        überzeugen konnte (Verbrechenstatsache) lautet
        wie folgt.

        - Unter Anwendung der relevanten Paragraphen
        (Gesetze) ergeht daher folgendes Urteil.

        - Bei der Zumessung der Strafe wurden die
        folgenden Umstände berücksichtigt.

（判決理由の例については，第 5 章及び第 6
章参照）

24 刑の全部の執行猶予の説明

(1) 身柄拘束中の被告人の刑の全部の執行猶予

（裁） 刑事裁判の手続としては，釈放されます。今後○
年間のうちに日本で罪を犯さなければ，刑務所に入
らなくてもよくなります。しかし，この○年間のう
ちに日本で罪を犯してまた刑に処せられることがあ
ると，この執行猶予は取り消されます。そうなると，
今回の懲役○年の刑を実際に受けなければならなく
なります。もちろん，その場合には新たに犯した罪
の刑も受けます。そういうことのないように，十分
注意してください。

(2) 既に不法残留になっている被告人の刑の全部の執行猶予

（裁） なお，被告人の場合は既に在留期間が経過してい
ますから，この判決の後間もなく，入国管理局にお
いて被告人を本国に送還する手続がなされると思い
ます。したがって，結局，送還後○年間日本に来て
犯罪を犯さなければ，今回の刑を受けることはない

(Zu Beispielen für Begründungen siehe Kapitel 5
und 6)

24 Erläuterung der Strafaussetzung zur Bewährung für die gesamte Strafe

(1) Strafaussetzung zur Bewährung für die gesamte Strafe für
einen inhaftierten Angeklagten

(R) Sie werden im Rahmen des Strafverfahrens aus der Haft
entlassen. Solange Sie in den kommenden xx Jahren in
Japan keine Straftat begehen, müssen Sie nicht ins
Gefängnis. Wenn Sie in den kommenden xx Jahren in
Japan eine Straftat begehen und strafrechtlich verfolgt
werden, wird diese Strafaussetzung zur Bewährung
aufgehoben. In diesem Fall müssen Sie beim nächsten
Mal mit einer tatsächlichen Freiheitsstrafe mit
Arbeitsverpflichtung von xx Jahren rechnen.
Selbstverständnis werden Sie außerdem für die neu
begangene Straftat belangt. Behalten Sie dies gut im
Gedächtnis.

(2) Strafaussetzung zur Bewährung für einen Angeklagten, der
sich bereits illegal in Japan aufhält

(R) Da der Angeklagte seine Aufenthaltsfrist bereits
überschritten hat, wird er unmittelbar nach dem Urteil
von der Einwanderungsbehörde in sein Heimatland
rückgeführt werden. Dies bedeutet, dass er diesmal
straffrei bleibt, solange er nach der Rückführung für

ということになります。

25 刑の一部の執行猶予の説明

（裁）　主文は先ほど述べたとおり，懲役〇年です。このう
　　　ち，〇月の執行を猶予することとなりますが，その残
　　　りについては猶予されません。猶予された〇月分につ
　　　いては，今後〇年間のうちに日本で罪を犯さなければ，
　　　刑務所に入らなくてもよくなります。しかし，この〇
　　　年間のうちに日本で罪を犯してまた刑に処せられる
　　　ことがあると，この執行猶予は取り消されます。そう
　　　なると，猶予された〇月分の刑についても実際に受け
　　　なければならなくなります。もちろん，その場合には
　　　新たに犯した罪の刑も受けます。そういうことのない
　　　ように，十分注意してください。

26 未決勾留日数の説明

（裁）　被告人はこれまで相当期間勾留されていますから，
　　　そのうちの〇日間は既に刑の執行を受け終わったもの
　　　とします。したがって，言い渡した〇年〇か月の刑か
　　　ら実際には〇日間が差し引かれることになります。

einen Zeitraum von xx Jahren nicht nach Japan

zurückkehrt und hier ein Verbrechen begeht.

25 Erläuterung der Strafaussetzung zur Bewährung für einen Teil der Strafe

(R) Wie bereits verkündet, lautet das Urteil xx Jahre

Freiheitsstrafe mit Arbeitsverpflichtung. Von diesen

entfallen X Monate auf Strafaussetzung zur Bewährung

und die übrige Zeit auf tatsächliche Freiheitsstrafe. Was

die X Monate der Strafaussetzung zur Bewährung betrifft,

so müssen Sie ins nicht Gefängnis, solange Sie in den

kommenden xx Jahren in Japan keine Straftat begehen.

Wenn Sie in den kommenden xx Jahren in Japan eine

Straftat begehen und strafrechtlich verfolgt werden, wird

diese Strafaussetzung zur Bewährung aufgehoben. In

diesem Fall müssen Sie auch für die X Monate des

bedingten Strafvollzugs mit einer tatsächlichen

Freiheitsstrafe mit Arbeitsverpflichtung rechnen.

Selbstverständlich werden Sie außerdem für die neu

begangene Straftat belangt. Behalten Sie dies gut im

Gedächtnis.

26 Erläuterung zur Untersuchungshaft vor der Verurteilung

(R) Da der Angeklagte bereits für einige Zeit in

Untersuchungshaft war, werden davon xx Tage auf die

Strafe angerechnet und als bereits abgeleistet betrachtet.

Somit werden von der verkündeten Strafe von xx Jahren

27 保護観察の説明

（裁）　保護観察というのは，保護観察官及び保護司の指導
　　　　監督によって，被告人が再び間違いを起こすことのな
　　　　いように手助けする制度です。普通は毎月１回以上保
　　　　護司と会って，被告人の日ごろの生活について指導を
　　　　受けることになります。

　　　　この判決の確定後，速やかに，保護観察所に出頭し
　　　　て保護観察所の説明を受けてください。保護観察所で
　　　　は，守らなければならない事項について指示されます
　　　　が，もし，この遵守事項を守らない場合には，この刑
　　　　の執行猶予を取り消されることがあります。また，再
　　　　び犯罪を犯して禁錮以上の刑に処せられた場合には法
　　　　律上執行猶予を付けることができないので，そのよう
　　　　なことのないよう十分注意してください。

28 上訴権の告知

（裁）　この判決に不服がある場合には，控訴〈上告〉の申
　　　　立てをすることができます。その場合には，明日から
　　　　１４日以内に○○高等裁判所〈最高裁判所〉あての控
　　　　訴〈上告〉申立書をこの裁判所に差し出してください。

und xx Monaten xx Tage abgezogen.

27 Erläuterungen zur Bewährungshilfe

(R) Die Bewährungshilfe ist ein System, in dessen Rahmen der Angeklagte durch einen verbeamteten Bewährungshelfer und einen freiwilligen Bewährungshelfer darin unterstützt wird, nicht rückfällig zu werden. In der Regel findet mindestens einmal monatlich ein Treffen mit dem freiwilligen Bewährungshelfer statt, in dem der Angeklagte Anleitungen für sein alltägliches Leben erhält.

Bitte begeben Sie sich nach der Festsetzung des Urteils unverzüglich zum Büro für Bewährungshilfe und lassen sich die Vorgehensweise dort erläutern. Im Büro für Bewährungshilfe wird man Sie auf einzuhaltende Regeln hinweisen, und wenn Sie diese Auflagen nicht einhalten, kann die Strafaussetzung zur Bewährung für Sie aufgehoben werden. Denken Sie daran: Wenn Sie erneut straffällig werden und eine Gefängnisstrafe erhalten, steht Ihnen rechtlich keine erneute Strafaussetzung zur Bewährung mehr zu.

28 Belehrung über Rechtsmittel

(R) Wenn Sie gegen das Urteil Einspruch einlegen wollen, müssen Sie einen Antrag auf Berufung [Revision] stellen. In diesem Fall reichen Sie den Antrag auf Berufung [Revision] für das Oberlandesgericht xx [für den

第3章　第一審における判決主文の例

1　有罪の場合

(1)　主刑

ア　基本型

・　被告人を懲役〈禁錮〉1年に処する。

・　被告人を罰金20万円に処する。

・　被告人を拘留10日に処する。

イ　少年に不定期刑を言い渡す場合

被告人を懲役5年以上7年以下に処する。

ウ　併科の場合

被告人を懲役1年及び罰金20万円に処する。

エ　主文が2つになる場合

被告人を判示第1の罪について懲役1年に，判示第2の罪について懲役2年に処する。

Obersten Gerichtshof] bitte innerhalb von 14 Tagen ab dem heutigen Tag bei diesem Gericht ein.

Kapitel 3   Beispiele für Urteilsformeln in der ersten Instanz

1   Bei Schuldausspruch

(1) Hauptstrafe

a   Grundform

- Der Angeklagte wird zu einer Freiheitsstrafe mit Arbeitsverpflichtung [Gefängnisstrafe] von 1 Jahr verurteilt.

- Der Angeklagte wird zu einer Geldstrafe von 200.000 Yen verurteilt.

- Der Angeklagte wird zu einer Haftstrafe von 10 Tagen verurteilt.

b   Urteilsverkündung ohne bestimmtes Strafmaß an Jugendliche

Der Angeklagte wird zu einer Freiheitsstrafe mit Arbeitsverpflichtung von mindestens 5 Jahren und höchstens 7 Jahren verurteilt.

c   Bei Kumulierung

Der Angeklagte wird zu einer Freiheitsstrafe mit Arbeitsverpflichtung von 1 Jahr und einer Geldstrafe von 200.000 Yen verurteilt.

d   Bei zwei Urteilen

Der Angeklagte wird für die erste Straftat zu einer Freiheitsstrafe mit Arbeitsverpflichtung von 1 Jahr und für

(2) 未決勾留日数の算入

　ア　基本型

　　未決勾留日数中30日をその刑に算入する。

　イ　本刑が数個ある場合

　　未決勾留日数中30日を判示第1の罪の刑に算入する。

　ウ　本刑が罰金・科料の場合

　　未決勾留日数中30日を，その1日を金5000円に換算して，その刑に算入する。

　エ　刑期・金額の全部に算入する場合

　　・　未決勾留日数中，その刑期に満つるまでの分をその刑に算入する。

　　・　未決勾留日数中，その1日を金5000円に換算してその罰金額に満つるまでの分を，その刑に算入する。

(3) 労役場留置

　ア　基本型

　　その罰金を完納することができないときは，金5000円を1日に換算した期間被告人を労役場に留置する。

die zweite Straftat zu einer Freiheitsstrafe mit
Arbeitsverpflichtung von 2 Jahren verurteilt.

(2) Anrechnung von Untersuchungshaft vor der Verurteilung

  a Grundform

    Es werden 30 Tage Untersuchungshaft vor der
Verurteilung auf die Strafe angerechnet.

  b Bei mehreren Hauptstrafen

    Es werden 30 Tage Untersuchungshaft vor der
Verurteilung auf die Strafe für die erste Straftat
angerechnet.

  c Bei einer Geldstrafe (geringfügigem Strafgeld) als
Hauptstrafe

    Für die 30 Tage Untersuchungshaft vor der Verurteilung
werden pro Tag 5.000 Yen auf die Strafe angerechnet.

  d Bei Anrechnung auf die gesamte Strafdauer/Strafhöhe

    - Die Untersuchungshaft vor der Verurteilung wird bis
zur vollen Verbüßung der Strafe angerechnet.

    - Für die Untersuchungshaft vor der Verurteilung werden
bis zur Ableistung der Strafe pro Tag 5.000 Yen auf die
Strafe angerechnet.

(3) Bei Gewahrsam in einem Arbeitshaus wegen Nichtbezahlen
einer Geldstrafe

  a Grundform

    Falls das Strafgeld nicht vollständig gezahlt werden
kann, werden je 5.000 Yen in einen Tag umgerechnet, und

イ　端数の出る場合

その罰金を完納することができないときは，金600
0円を1日に換算した期間（端数は1日に換算する。）
被告人を労役場に留置する。

(4)　刑の全部の執行猶予

この裁判が確定した日から3年間その刑の執行を猶予す
る。

(5)　刑の一部の執行猶予の場合

・　被告人を懲役3年に処する。その刑の一部である懲
役6月の執行を2年間猶予する。

・　被告人を懲役3年に処する。その刑の一部である懲
役6月の執行を2年間猶予し，その猶予の期間中被
告人を保護観察に付する。

(6)　保護観察

被告人をその猶予の期間中保護観察に付する。

der Angeklagte muss die entsprechende Zeit in einem Arbeitshaus ableisten.

b   Bei Restbeträgen

Falls das Strafgeld nicht vollständig gezahlt werden kann, werden je 6.000 Yen in einen Tag (und Restbeträge ebenfalls in einen Tag) umgerechnet, und der Angeklagte muss die entsprechende Zeit in einem Arbeitshaus ableisten.

(4) Strafaussetzung zur Bewährung für die gesamte Strafe

Es wird eine Strafaussetzung zur Bewährung von 3 Jahren ab dem Tag der Urteilsfestsetzung angeordnet.

(5) Strafaussetzung zur Bewährung für einen Teil der Strafe

- Der Angeklagte wird zu einer Freiheitsstrafe mit Arbeitsverpflichtung von 3 Jahren verurteilt. 6 Monate dieser Freiheitsstrafe mit Arbeitsverpflichtung sind als Strafaussetzung zur Bewährung für einen Zeitraum von 2 Jahren zu verbüßen.

- Der Angeklagte wird zu einer Freiheitsstrafe mit Arbeitsverpflichtung von 3 Jahren verurteilt. 6 Monate dieser Freiheitsstrafe mit Arbeitsverpflichtung sind als Strafaussetzung zur Bewährung für einen Zeitraum von 2 Jahren zu verbüßen, wobei dem Angeklagte während dieses Zeitraums ein Bewährungshelfer beigeordnet wird.

(6) Beiordnung eines Bewährungshelfers

Dem Angeklagten wird für die Zeit der Strafaussetzung zur

(7) 補導処分

被告人を補導処分に付する。

(8) 没収

ア 基本型

押収してある短刀1本（令和○○年押第○○号の1）
を没収する。

イ 偽造・変造部分の没収

押収してある約束手形1通（令和○○年押第○○号の
1）の偽造部分を没収する。

ウ 裁判所が押収していない物の没収

○○地方検察庁で保管中の約束手形1通（令和○○年
○地領第○○号の1）を没収する。

エ 犯罪被害財産の没収

○○地方検察庁で保管中の現金800万円（令和○○
年○地領第○○号の1，当該現金は犯罪被害財産）を没
収する。

(9) 追徴

ア 基本型

被告人から金10万円を追徴する。

Bewährung ein Bewährungshelfer beigeordnet.

(7) Besserungsverwahrung

Für den Angeklagten wird Besserungsverwahrung

angeordnet.

(8) Einziehung

a Grundform

Das beschlagnahmte Kurzschwert (beschlagnahmter

Gegenstand Nr. xx-1, 20xx) wird eingezogen.

b Einziehung bei Fälschung/Änderung.

Der gefälschte Teil des beschlagnahmten Eigenwechsels

(beschlagnahmter Gegenstand Nr. xx-1, 20xx) wird

eingezogen.

c Einziehung von nicht durch das Gericht beschlagnahmten

Gegenständen

Der derzeit bei der Staatsanwaltschaft xx beim

Landgericht aufbewahrte Eigenwechsel (Gegenstand Nr.

xx-1 der Staatsanwaltschaft xx, 20xx) wird eingezogen.

d Einziehung von rechtswidrig erlangtem Vermögen

Der derzeit bei der Staatsanwaltschaft beim Landgericht

aufbewahrte Barbetrag von 8 Millionen Yen (Gegenstand Nr.

xx-1 der Staatsanwaltschaft xx, 20xx, rechtswidrig

erlangtes Vermögen) wird eingezogen.

(9) Verfall

a Grundform

Von dem Vermögen des Angeklagten werden 100.000 Yen

イ　犯罪被害財産の価額の追徴

　　被告人から金300万円（当該金300万円は犯罪被
　　害財産の価額）を追徴する。

(10)　被害者還付
　ア　基本型
　　　押収してある本1冊（令和○○年押第○○号の1）を
　　被害者Aに還付する。
　イ　被害者不明の場合
　　　押収してある本1冊（令和○○年押第○○号の1）を
　　被害者（氏名不詳）に還付する。

　ウ　被害者が死亡した場合
　　　押収してある本1冊（令和○○年押第○○号の1）を
　　被害者Aの相続人に還付する。

(11)　仮納付
　　被告人に対し，仮にその罰金に相当する金額を納付すべ
　きことを命ずる。
(12)　訴訟費用の負担
　　・　訴訟費用は被告人の負担とする。
　　・　訴訟費用は被告人両名の連帯負担とする。

abgeschöpft.

b Abschöpfung des Wertes von rechtswidrig erlangtem

Vermögen

Von dem Vermögen des Angeklagten werden 3 Millionen

Yen abgeschöpft (die 3 Millionen Yen entsprechen dem Wert

des rechtswidrig erlangten Vermögens).

(10) Rückgabe an Geschädigte

a Grundform

Das beschlagnahmte Buch (beschlagnahmter Gegenstand

Nr. xx-1, 20xx) wird an den Geschädigten A zurückgegeben.

b Bei unbekanntem Geschädigten

Das beschlagnahmte Buch (beschlagnahmter Gegenstand

Nr. xx-1, 20xx) wird an den Geschädigten (Name unbekannt)

zurückgegeben.

c Bei Tod des Geschädigten

Das beschlagnahmte Buch (beschlagnahmter Gegenstand

Nr. xx-1, 20xx) wird an die Erben des Geschädigten A

zurückgegeben.

(11) Zahlung unter Vorbehalt

Der Angeklagte wird zur Zahlung unter Vorbehalt des der

Geldstrafe entsprechenden Betrags angewiesen.

(12) Übernahme der Gerichtskosten

- Die Gerichtskosten hat der Angeklagte zu tragen

- Die Gerichtskosten haben die Angeklagten gemeinsam zu

tragen.

- 訴訟費用は，その2分の1ずつを各被告人の負担とする。
- 訴訟費用のうち，証人Aに支給した分は被告人の負担とする。
- 訴訟費用中通訳人〇〇〇〇に支給した分を除き，その余の分は被告人の負担とする。

(13) 刑の執行の減軽又は免除
- その刑の執行を懲役1年に減軽する。

- 被告人を懲役1年に処し，その刑の執行を免除する。

(14) 刑の免除

被告人に対し刑を免除する。

2 無罪・一部無罪の場合

(1) 無罪

被告人は無罪。

(2) 一部無罪

本件公訴事実中詐欺の点については，被告人は無罪。

3 その他の場合

(1) 免訴

被告人を免訴する。

(2) 公訴棄却

本件公訴を棄却する。

- Die Gerichtskosten haben die Angeklagten jeweils zur Hälfte zu tragen.

- Der Gerichtskosten in Höhe des an den Zeugen A gezahlten Anteils hat der Angeklagte zu tragen.

- Die Gerichtskosten mit Ausnahme des an den Dolmetscher xxxx gezahlten Betrags hat der Angeklagte zu tragen.

(13) Reduzierung oder Erlassung der Strafe

- Die vollstreckte Strafe wird auf 1 Jahr Freiheitsstrafe mit Arbeitsverpflichtung reduziert.

- Der Angeklagte wird zu einer Freiheitsstrafe mit Arbeitsverpflichtung von 1 Jahr verurteilt, und die Vollstreckung der Strafe wird ihm erlassen.

(14) Straferlass

Dem Angeklagten wird die Strafe erlassen.

2 Bei Freispruch/Teilschuldspruch

(1) Freispruch

Der Angeklagte wird freigesprochen.

(2) Teilschuldspruch

Der Angeklagte wird von der Anklage des Betrugs freigesprochen.

3 Sonstiges

(1) Entlassung von der Anklage

Der Angeklagte wird von der Anklage entlassen.

(2) Abweisung der Anklage

Die Anklage im vorliegenden Fall wird abgewiesen.

(3) 管轄違い

　　本件は管轄違い。

第4章　控訴審における判決主文の例

1　控訴棄却・破棄

(1) 控訴棄却

・　本件控訴を棄却する。

・　本件各控訴を棄却する。

・　本件控訴中被告人○○に関する部分を棄却する。

(2) 破棄自判

・　原判決を破棄する。被告人を懲役○年○月に処する。

・　原判決中有罪部分を破棄する。被告人は無罪。

・　被告人らに対する各原判決を破棄する。被告人Ａを
　　懲役 1 年に，被告人Ｂを懲役 6 月にそれぞれ処する。

・　原判決中被告人○○に関する部分を破棄する。被告
　　人○○を懲役 3 年に処する。

(3) Mangelnde Zuständigkeit

Das Gericht ist nicht für den vorliegenden Fall zuständig.

Kapitel 4   Beispiele für Urteilsformeln in der Berufungsinstanz

1   Zurückweisung der Berufung/Aufhebung

(1) Zurückweisung der Berufung

- Die Berufung im vorliegenden Fall wird zurückgewiesen.

- Die Berufungen im vorliegenden Fall werden

  zurückgewiesen.

- Die Berufung in Bezug auf den Angeklagten xx wird

  zurückgewiesen.

(2) Aufhebung und Eigenbeurteilung

- Das Urteil der ersten Instanz wird aufgehoben. Der

  Angeklagte wird zu einer Freiheitsstrafe mit

  Arbeitsverpflichtung von xx Jahren und xx Monaten

  verurteilt.

- Das Schuldurteil der ersten Instanz wird aufgehoben. Der

  Angeklagte wird freigesprochen.

- Die Urteile gegen die Angeklagten der ersten Instanz

  werden aufgehoben. Der Angeklagte A wird zu einer

  Freiheitsstrafe mit Arbeitsverpflichtung von 1 Jahr und

  der Angeklagte B zu einer Freiheitsstrafe mit

  Arbeitsverpflichtung von 6 Monaten verurteilt.

- Das Urteil der ersten Instanz gegen den Angeklagten xx

  wird aufgehoben. Der Angeklagte xx wird zu einer

  Freiheitsstrafe mit Arbeitsverpflichtung von 3 Jahren

(3) 破棄差戻し

　　原判決を破棄する。本件を○○地方裁判所に差し戻す。

(4) 破棄移送

　　原判決を破棄する。本件を○○地方裁判所に移送する。

2　未決勾留日数の算入

・　当審における未決勾留日数中○○日を原判決の刑に算入する。

・　原審における未決勾留日数中○○日をその刑に算入する。

3　訴訟費用の負担

・　当審における訴訟費用中通訳人○○○○に支給した分を除き，その余の分は被告人の負担とする。

・　原審における訴訟費用中証人○○○○に支給した分は，被告人の負担とする。

第5章　第一審における判決理由

1　罪となるべき事実

(1) 不正作出支払用カード電磁的記録供用罪及び窃盗罪の例

　　「被告人は，Ａ名義のキャッシュカードを構成する人の財産上の事務処理の用に供する電磁的記録を不正に作出し

verurteilt.

(3) Aufhebung und Zurückweisung an die vorherige Instanz

Das Urteil der ersten Instanz wird aufgehoben. Der Fall

wird an das Landgericht xx zurückverwiesen.

(4) Aufhebung und Verweisung

Das Urteil der ersten Instanz wird aufgehoben. Die Sache

wird an das Landgericht xx verwiesen.

2 Anrechnung von Untersuchungshaft vor der Verurteilung

- Es werden xx Tage Untersuchungshaft vor der Verurteilung

in der vorliegenden Instanz auf die Strafe angerechnet.

- Es werden xx Tage Untersuchungshaft vor der Verurteilung

auf die Strafe der ersten Instanz angerechnet.

3 Übernahme der Gerichtskosten

- Die Gerichtskosten in dieser Instanz mit Ausnahme des an

den Dolmetscher xxxx gezahlten Betrags hat der Angeklagte

zu tragen.

- Die Gerichtskosten in dieser Instanz in Höhe des an den

Zeugen xxxx gezahlten Anteils hat der Angeklagte zu

tragen.

Kapitel 5   Beispiele für Urteilsbegründungen in der ersten Instanz

1 Tatbestand, der das Verbrechen konstituiert

(1) Beispiel: Angebot zur Nutzung einer unberechtigt

ausgestellten elektronischen Zahlungskarte und Diebstahl

Der Angeklagte versuchte, mit einer Karte mit

gesetzwidrig erstellten elektromagnetischen

て構成されたＢ名義のキャッシュカードの外観を有する不正電磁的記録カード１枚を使用して，金員を窃取しようと企て，令和〇〇年６月12日午前11時30分ころ，東京都杉並区西荻窪４丁目２番５号所在のＣ銀行西荻窪支店において，前後２回にわたり，人の財産上の事務処理を誤らせる目的で，上記カードを同所設置の現金自動預払機に挿入させて同カードの電磁的記録を読み取らせて同機を作動させ，同カードの電磁的記録を人の財産上の事務処理の用に供するとともに，同機からＣ銀行西荻窪支店長管理に係る現金50万円を引き出して窃取したものである。」

(2)　殺人罪の例（確定的故意の場合）

　「被告人は，Ａ（当時62歳）に雇われ，東京都江東区山中町５丁目２番４号所在の同人方に住み込んでいたものであるが，被告人が通行人に罵声を浴びせたのを前記Ａから叱責されて口論のあげく激高し，とっさに，同人を殺害しようと決意し，令和〇〇年３月８日午後７時ころ，同人方６畳間の押し入れの中から刃体の長さ13センチメートルのくり小刀を持ち出して携え，同所において，左

Aufzeichnungen, die durch gesetzeswidrige Erstellung von

elektromagnetischen Aufzeichnungen zum Zweck der

geschäftlichen Verwaltung des Vermögens einer anderen

Person erstellt worden war, dem äußeren Anschein nach eine

Geldkarte im Namen von B war, aber tatsächlich im Namen

von A ausgestellt worden war, Geld zu stehlen, indem er die

Karte am 12. Juni 20xx gegen 11:30 Uhr zweimal in den

Geldautomaten der Zweigstelle Ogikubo von Bank „c" in

4-2-5 Nishiogikubo, Suginami-ku, Tokyo-to mit dem Ziel der

Verfälschung der geschäftlichen Verwaltung des Vermögens

einer anderen Person einführte, die elektromagnetischen

Aufzeichnungen auf der Karte auslesen ließ und den

Automaten dadurch in Betrieb setzte, um ihn zur

Verfälschung der geschäftlichen Verwaltung des Vermögens

einer anderen Person zu nutzen, und 500.000 Yen aus dem

unter der Verwaltung des Filialleiters der Zweigstelle

Ogikubo von Bank „c" stehenden Automaten entnahm.

(2) Beispiel: Mord (bei bestimmtem Vorsatz)

Der Angeklagte war bei A (zum damaligen Zeitpunkt 62

Jahre alt) beschäftigt und lebte gemeinsam mit diesem unter

der Adresse 5-2-4 Yamanakacho, Koto-ku, Tokyo-to; als der

Angeklagte einen Passanten beschimpfte, wurde er von A

ermahnt. In der Erregung durch das darauf folgende

Wortgefecht entschloss er sich spontan, A umzubringen,

nahm am 8. März 20xx gegen 19:00 Uhr ein Messer mit einer

手で前記Aの襟首をつかんで引き寄せながら，右手に持っていた前記くり小刀で同人の左胸部を突き刺し，同人がその場から逃げ出すや，追跡して同人方前路上でこれに追い付き，同所において，更に前記くり小刀で同人の左背部を突き刺し，よって，同人をして心臓刺切に基づく失血により即死させて殺害したものである。」

(3) 殺人罪の例（未必的故意の場合）

「被告人は，かねて，東京都千代田区山中2丁目8番9号所在のスナック「甲」の店員A（当時30歳）から軽蔑の目でみられていることに憤まんの情を抱いていたところ，令和〇〇年8月7日午後1時30分ころ，前記「甲」において，客として，前記Aにビールを注文したにもかかわらず，同人から「今日は帰れ。」と断られた上，刺身包丁を示され，「刺すなら刺してみろ。」と言われ，小心者と馬鹿にされたものと激高し酒の酔いも加わった勢いから，とっさに，同人が死亡する危険性が高い行為と分かっていながら，持ち合わせていた登山用ナイフ（刃体の長さ10センチメートル）で，同人の右下腹部を1回突き刺し，よって同月8日午前2時5分ころ，同区北川5丁目8番8号乙病院において同人を右腎等刺切による失血のため死亡させ，もって，同人を殺害したものである。」

13 cm langen Klinge aus dem Schrank des 6 jô großen

Zimmers von A, ergriff am selben Ort mit der linken Hand

den Kragen von A, zog ihn zu sich heran und stach mit der

rechten Hand das Messer in dessen linke Brust; A versuchte

zu fliehen, und der Angeklagte verfolgte ihn bis auf die

Straße vor dem Wohnsitz von A und stach dort erneut mit dem

Messer auf ihn ein, diesmal in seinen linken Rücken,

woraufhin A aufgrund von Blutverlust durch einen Stich

durch das Herz sofort verstarb.

(3) Beispiel: Mord (ohne bestimmten Vorsatz)

Der Angeklagte hegte Groll gegen den Beschäftigten A

(zum damaligen Zeitpunkt 30 Jahre alt) von Bistro „a" in

2-8-9 Yamanaka, Chiyoda-ku, Tokyo-to, da er sich von ihm

abfällig behandelt fühlte; als er am 7. August 20xx gegen

13:30 Uhr im Bistro „a" als Gast ein Bier bei A bestellte,

wurde er von diesem mit den Worten „Verzieh

dich" abgewiesen, der ein Sashimi-Messer hochhielt und

sagte: „Versuch's doch!"; die Wut darüber, von einem

Feigling lächerlich gemacht zu werden, und die zusätzliche

Energie aufgrund seiner Angetrunkenheit veranlasste den

Angeklagten spontan, mit einem mitgeführten

Trekking-Messer (Länge der Klinge: 10 cm) einmal auf den

rechten unteren Bauchbereich von A einzustechen, wobei er

sich der damit einhergehenden Todesgefahr für A bewusst

war; dieser verstarb schließlich am 8. desselben Monats um

(4)　傷害罪の例

　　「被告人は，令和〇〇年9月2日午後1時5分ころ，横浜市港南区日野南3丁目6番17号先路上で，通行中のA（当時62歳）に「おまえ，どこを歩いとるんじゃ。」などと因縁をつけ，こぶしでその顔を2回殴って転倒させ，その上に馬乗りになって更にその顔をこぶしで数回殴った。この暴行により，Aに約5日間の加療を要する右肘部挫滅傷，顔面挫滅傷の傷害を負わせたものである。」

(5)　窃盗罪（万引）の例

　　「被告人両名は，共謀の上，令和〇〇年3月4日午後零時45分ころ，東京都豊島区北山町1番2号株式会社甲池袋店において，同店店長A管理のシャープペンシル38本など合計84点（定価合計3万0850円相当）を窃取したものである。」

(6)　窃盗罪（すり）の例

　　「被告人両名は，共謀の上，令和〇〇年3月4日午後4時54分ころ，東京都台東区山下町1番2号付近路上で，被告人Xにおいて，通行中のA（当時30歳）が右

2:05 Uhr im Krankenhaus „b" in 5-8-8 Kitagawa, ebenfalls Chiyoda-ku, an Blutverlust aufgrund einer Stichwunde in der rechten Niere und wurde somit vom Angeklagten ermordet.

(4) Beispiel: Körperverletzung

Der Angeklagte rief am 2. September 20xx gegen 13:05 auf der Straße vor der Adresse 3-6-17 Hinominami, Konan-ku, Yokohama-shi dem Passanten A (zum damaligen Zeitpunkt 62 Jahre alt) Unverschämtheiten wie „Hey, was hängst du hier rum?" zu und schlug ihn mit der Faust zweimal ins Gesicht, sodass A stürzte; dann setzte sich der Angeklagte auf A und schlug ihn mehrere weitere Male mit der Faust ins Gesicht. Aufgrund dieser körperlichen Misshandlung erlitt A Quetschungen am rechten Ellbogen und im Gesicht und musste etwa 5 Tage lang medizinisch behandelt werden.

(5) Beispiel: Diebstahl (Ladendiebstahl)

Die beiden Angeklagten sprachen sich ab und stahlen gemeinsam am 4. März 20xx gegen 00:45 Uhr im Geschäft Ikebukuro der Firma „a" in 1-2 Kitayamacho, Toshima-ku, Tokyo-to insgesamt 84 Artikel unter der Verwaltung des Geschäftsleiters A, darunter 38 Druckbleistifte (Gesamtwert aller gestohlenen Artikel: 30.850 Yen).

(6) Beispiel: Diebstahl (Taschendiebstahl)

Die Angeklagten sprachen sich ab, und am 4. März 20xx gegen 16:54 Uhr auf der Straße in der Nähe der Adresse 1-2 Yamashitacho, Taito-ku, Tokyo-to entwendete der Angeklagte

肩に掛けていたショルダーバッグ内から，同人所有の現金
4万3759円及びキャッシュカード等6点在中の札入れ
1個（時価約1万円相当）を抜き取って，これを窃取した
ものである。」

(7)　強盗致死罪の例

　　「被告人は，遊興費欲しさとうっ憤晴らしのために，適
当な相手を見つけて袋だたきにして所持金等を強取しよう
と考え，A，Bと共謀の上，令和〇〇年12月3日午前
3時10分ころ，さいたま市大宮区高鼻町14番1号付
近の路上において，たまたま通りかかったC（当時20歳）
に対し，被告人，A，Bにおいてこもごも，その顔面，頭部，
腹部等を多数回にわたってこぶしで殴り，力一杯蹴り付け
るなどの暴行を加えた上，Aにおいて，抵抗できなくなっ
たCからその所有する現金3万2000円くらいが入った
財布1個を奪い取ったが，その際前記各暴行によって，C
に対し左側急性硬膜下血腫，脳挫傷，外傷性くも膜下血腫
の傷害を負わせ，同月13日午後4時12分ころ，さい
たま市大宮区盆栽町2丁目3番2号甲病院において，そ
れらの傷害により同人を死亡させたものである。」

(8)　詐欺罪の例

　　「被告人は，不正に入手した甲カード株式会社発行のA
名義のクレジットカードを使用してその加盟店から商品を

X aus der Handtasche der Passantin A (zum damaligen Zeitpunkt 30 Jahre alt), die diese an der rechten Schulter trug, ein Portemonnaie (damaliger Wert etwa 10.000 Yen) mit Bargeld in Höhe von 43.759 Yen und sechs Geldkarten.

(7) Beispiel: Raub mit Todesfolge

Der Angeklagte beschloss aus Gier und zum Abreagieren, eine geeignete Person zum Verprügeln und Bestehlen zu finden, sprach sich mit A und B ab und schlug am 3. Dezember 20xx gegen 3:10 Uhr auf der Straße in der Nähe der Adresse 14-1 Takahanacho, Omiya-ku, Saitama-shi den zufällig vorbeigehenden C (zum damaligen Zeitpunkt 20 Jahre alt) wechselweise mit A und B mit den Fäusten ins Gesicht, an den Kopf, in den Bauch usw., trat ihn kräftig und misshandelte ihn auf diese Weise. A nahm C, der keinen Widerstand mehr leisten konnte, das von diesem mitgeführte Portemonnaie mit Bargeld in Höhe von etwa 32.000 Yen ab; C erlitt dabei aufgrund der körperliche Misshandlung ein linksseitiges akutes Subduralhämatom, eine Hirnkontusion und eine Subarachnoidalblutung durch äußere Gewalt an denen er am 13. desselben Monats gegen 16:12 im Krankenhaus „a" in 2-3-2 Bonsaicho, Omiya-ku, Saitama-shi verstarb.

(8) Beispiel: Betrug

Der Angeklagte wollte mit einer von der Kartenfirma „a" rechtswidrig im Namen von A ausgestellten Kreditkarte

だまし取ろうと企て，令和〇〇年4月5日午前11時15分ころ，東京都中央区中村町3番先乙ショッピングセンター1階株式会社丙銀座店において，同店店長Bに対し，代金支払の意思及び能力がないのに，自己がクレジットカードの正当な使用権限を有するAであって，クレジットカードシステムによって代金の支払をするもののように装い，前記クレジットカードを提示してスーツ等3点の購入を申し込み，前記Bをしてその旨誤信させ，よって即時同所において，同人からスーツ等3点(価格合計7万3700円相当)の交付を受けてこれをだまし取ったものである。」

(9) 覚醒剤取締法違反罪の例

「被告人は，法定の除外事由がないのに，令和〇〇年4月5日午後6時30分ころ，山中市山田町3番6号の被告人方において，覚醒剤であるフェニルメチルアミノプロパンの塩類若干量を含有する水溶液を自己の身体に注射し，もって，覚醒剤を使用したものである。」

(10) 大麻取締法違反罪の例

「被告人は，みだりに，大麻を輸入しようと企て，大麻草70.94グラム（種子を含む）を自己の着用する両足靴下底にそれぞれ隠匿携帯した上，〇〇〇〇年5月3日（現地時間），A国〇〇国際空港から〇〇航空017便の航空機に搭乗し，令和〇〇年5月4日午後零時30分ころ千葉県成田市所在の成田国際空港に到着し，大麻を身につけ

auf betrügerische Weise Waren von einem Händler erwerben

und gab am 5. April 20xx gegen 11:15 Uhr bei dem

Geschäftsleiter B der Niederlassung Ginza der Firma „c" im

Erdgeschoss des Einkaufszentrums „b" in 3 Nakamura-cho,

Chuo-ku, Tokyo-to, obwohl er weder willens noch fähig war,

den verlangten Preis zu zahlen, vor, der rechtmäßige Nutzer

der Kreditkarte A zu sein und unter Vorlage der Kreditkarte

eine Zahlung für drei Anzüge vornehmen zu wollen; damit

konnte er B täuschen, und dieser händigte ihm die drei

Anzüge (Gesamtwert 73.700 Yen) aus.

(9) Beispiel: Verstoß gegen das Rauschmittelgesetz

Trotz fehlender rechtlicher Begründung für Ausnahmen

injizierte der Angeklagte am 5. April 20xx gegen 18:30 Uhr

in seinem Wohnsitz in 3-6 Yamadacho, Yamanaka-shi eine

wässrigen Lösung eines Salzes von

Phenyl-methylamino-propan, einem Rauschgift, in seinen

Arm, und wandte somit das Rauschgift an.

(10) Beispiel: Verstoß gegen das Gesetz zur Kontrolle von

Cannabis

Der Angeklagte beabsichtigte, unerlaubt Cannabis zu

importieren, und begab sich am 3. Mai xxxx (Ortszeit) im

Land A am internationalen Flughafen xx mit 70,94 Gramm

Cannabis (einschließlich Samen) an der Unterseite seiner

beiden Socken an Bord von Flug Nr. 17 der Fluggesellschaft

„xx". Indem er nach seiner Ankunft am Narita International

たまま同航空機から本邦に上陸し，もって，本邦内に大麻を輸入したものである。」

⑾　麻薬及び向精神薬取締法違反罪の例

　「被告人は，みだりに，令和〇〇年 6 月 10 日午後 6 時ころ，東京都千代田区田中町 3 番 1 号の被告人方洋服ダンス内に麻薬である塩酸ジアセチルモルヒネの粉末約 10 グラムを所持したものである。」

⑿　売春防止法違反罪の例
　「被告人は，売春をする目的で，令和〇〇年 10 月 8 日午後 11 時 20 分ころから同日午後 11 時 45 分ころまでの間，横浜市港北区新横浜町 2 丁目 5 番 10 号喫茶店「甲」横付近から同区同町 2 丁目 2 番 4 号乙銀行新横浜支店前に至る間の路上をうろつき，あるいは立ち止まるなどし，もって，公衆の目にふれるような方法で客待ちをしたものである。」

⒀　過失運転致傷罪の例
　「被告人は，令和〇〇年 9 月 12 日午前 9 時 30 分ころ，普通乗用自動車を運転し，東京都武蔵野市吉祥寺東町 31 番地付近道路先の左方に湾曲した道路を荻窪方面から三鷹方面に向かい時速約 50 キロメートルで進行していた。こういった場合，自動車運転者としては前方を注視し，ハン

Airport in Narita, Präfektur Chiba am 4. Mai 20xx gegen 12:30 Uhr mit dem Cannabis am Körper das Flugzeug verließ, importierte er auf diese Weise das Cannabis nach Japan.

(11) Beispiel: Verstoß gegen das Gesetz zur Kontrolle von Rauschgift und bewusstseinsverändernden Drogen

Der Angeklagte war am 10. Juni 20xx gegen 18:00 Uhr unerlaubt im Besitz von 10 Gramm Diacetylmorphinhydrochlorid, das als bewusstseinsverändernde Droge gilt, und das er in einem Schrank in seinem Wohnsitz in 3-1 Tanaka-cho, Chiyoda-ku, Tokyo-to verwahrte.

(12) Beispiel: Verstoß gegen das Antiprostitutionsgesetz

Der Angeklagte streifte am 8. Oktober 20xx zwischen 23:20 und 23:45 Uhr über den Bürgersteig zwischen dem Café „a" in 2-5-10 Shin-Yokohama-cho, Kohoku-ku, Yokohama-shi und der Zweigstelle Shin-Yokohama der Bank „b" in 2-2-4 Shin-Yokohama-cho, ebenfalls Kohoku-ku hielt hin und wieder an und wartete somit an einem öffentlichen Ort auf Freier.

(13) Beispiel: Körperverletzung durch fahrlässiges Fahren

Am 12. September 20xx gegen 9:30 Uhr fuhr der Angeklagte einen Pkw mit einer Geschwindigkeit von etwa 50 Kilometern pro Stunde auf der eine sanfte Linkskurve aufweisenden Straße in der Gegend von 31 Kichijoji-Higashi-cho, Musashino-shi, Tokyo-to in der

ドル操作を正しく行って進路を適正に保って進行すべき自動車運転上の注意義務がある。しかしながら，被告人は足元に落とした地図を拾うのに気を奪われたためこの注意義務に違反して，前方注視を欠き，ハンドルから一瞬手を離したまま，時速約50キロメートルで進行するという過失を犯した。このため，車は対向車線に進入して，対面進行してきたA運転の大型貨物自動車の右側面に衝突した上，その衝撃で更に前方に進出して，A運転車両の後方から進行してきたB（当時55歳）運転の普通貨物自動車の右前部に衝突した。その結果，Bに加療約200日間を要する右股関節脱臼骨折の傷害を負わせたものである。」

(14)　銃砲刀剣類所持等取締法違反罪の例

「被告人は，法定の除外事由がないのに，令和〇〇年6月7日午後7時ころ，横浜市田中町1丁目2番3号付近路上に停車していた自己所有の普通乗用自動車内において，回転弾倉式けん銃1丁をこれに適合する実砲19発と共に保管して所持したものである。」

Fahrtrichtung von Ogikubo nach Mitaka. Der Angeklagte war
als Fahrer zu vorsichtigem Fahren verpflichtet, indem er
aufmerksam nach vorne blickte, das Lenkrad richtig bediente
und die Spur hielt. Allerdings handelte der Angeklagte
fahrlässig, indem er sich von einem zu Boden gefallenen
Stadtplan ablenken ließ, den er aufheben wollte, sodass er
mit 50 Kilometern pro Stunde fuhr, ohne aufmerksam nach
vorne zu blicken, und dabei das Lenkrad vorübergehend
losließ. Daher geriet das Fahrzeug auf die Spur des
Gegenverkehrs und prallte auf die rechte Seite des
entgegenkommenden, von A geführten Lkws, wurde aufgrund
dieses Aufpralls weiter nach vorne befördert und prallte auf
den vorderen rechten Teil des von B (zum damaligen
Zeitpunkt 55 Jahre alt) geführten Transporters hinter dem
von A geführten Fahrzeug. B erlitt dadurch eine Fraktur des
rechten Hüftgelenks, die etwa 200 Tage lang medizinisch
behandelt werden musste.

(14) Beispiel: Verstoß gegen das Gesetz zur Kontrolle des
     Waffenbesitzes

    Trotz fehlender rechtlicher Begründung für Ausnahmen
war der Angeklagte am 7. Juni 20xx gegen 19:00 Uhr im
Besitz eines Revolvers und neunzehn Patronen Munition für
diesen Revolver; beides bewahrte er in seinem Pkw auf, der
in der Nähe von 1-2-3 Tanaka-cho, Yokohama-shi an der
Straße abgestellt war.

(15)　出入国管理及び難民認定法違反罪の例

　「被告人は，○○国国籍を有する外国人であり，令和○
○年3月10日，同国政府発行の旅券を所持して，千葉
県成田市所在の成田国際空港に上陸し，我が国に入国した
が，在留期間が令和○○年4月10日までであったのに，
その日までに在留期間の更新又は変更を受けないで我が国
から出国せず，令和○○年5月11日まで，神奈川県大
和市大和町2丁目149番地に居住し，もって，在留期間
を経過して不法に本邦に残留したものである。」

(16)　教唆の例（窃盗）

　「被告人は，令和○○年3月4日午後2時ころ，東京
都千代田区北山町3番6号A方前路上において，Xに対
し，「明日はこの家は留守になる。裏の戸はいつも開いて
いるから，何か金目のものを取ってこい。」と申し向けて
前記A方から金品を窃取するようにそそのかし，Xをして
その旨決意させ，よって，同月5日午後3時ころ，前記
A方において，同人所有の腕時計1個（時価20万円相当）
を窃取するに至らせ，もって，窃盗の教唆をしたものであ
る。」

(17)　幇助の例（窃盗）

　「被告人は，Xが，令和○○年3月4日午後3時ころ，

(15) Beispiel: Verstoß gegen das Gesetz zur Kontrolle von

Immigration und zur Anerkennung des Flüchtlingsstatus

Der Angeklagte, ein ausländischer Staatsbürger des Landes

xx, landete unter Mitführung seines von diesem Land

ausgestellten Reisepasses am 10. März 20xx am Narita

International Airport in Narita-shi, Chiba-ken und reiste

nach Japan ein. Er versäumte es, seine

Aufenthaltsbewilligung, die bis zum 10. April 20xx gültig

war, verlängern oder ändern zu lassen, und verließ auch das

Land an diesem Datum nicht, sondern wohnte bis zum 11. Mai

20xx illegal in 2-149 Yamato-cho, Yamato-shi, Kanagawa-ken

und hat sich damit über den Ablauf seiner

Aufenthaltsbewilligung hinaus illegal in Japan aufgehalten.

(16) Beispiel: Anstiftung (Diebstahl)

Der Angeklagte stiftete am 4. März 20xx gegen 14:00 Uhr

X vor dem Wohnsitz von A in 3-6 Kitayama-cho, Chiyoda-ku,

Tokyo-to dazu an, Geld und Wertsachen von A zu stehlen,

indem er zu X sagte: „Das Haus ist morgen leer. Der

Hintereingang ist immer offen; geh rein und nimm irgendwas

Wertvolles mit." Auf diese Weise überzeugte er X, der daher

am 5. desselben Monats gegen 15:00 Uhr aus dem besagten

Haus von A eine Armbanduhr (damaliger Wert: etwa 200.000

Yen) von A stahl, und hat somit zum Diebstahl angestiftet.

(17) Beispiel: Beihilfe (Diebstahl)

Während X am 4. März 20xx gegen 15:00 Uhr aus dem Haus

東京都千代田区北山町3番6号A方において腕時計1個（時価20万円相当）を窃取するに際し，A方前路上でXのため，見張りをし，もって，同人の犯行を容易ならしめてこれを幇助したものである。」

2　証拠の標目

判示第1の事実について

・　被告人の当公判廷における供述
・　被告人の検察官に対する令和○○年2月15日付け供述調書
・　証人Aの当公判廷における供述
・　Bの検察官に対する供述調書

・　Cの司法警察員に対する供述調書（謄本）

・　D作成の被害届
・　司法警察員作成の実況見分調書
・　司法巡査作成の令和○○年1月22日付け捜査報告書
・　鑑定人E作成の鑑定書
・　押収してある覚醒剤1袋(令和○○年押第○○号の1)

・　○○地方検察庁で保管中のけん銃1丁（令和○○年○地領第○○号の1）

・　分離前の相被告人Yの当公判廷における供述

in 3-6 Kitayama-cho, Chiyoda-ku, Tokyo-to von A die

Armbanduhr (damaliger Wert: etwa 200.000 Yen) stahl, hielt

A vor dem Haus für X Wache und leistete somit

taterleichternde Beihilfe für diesen.

2 Bezeichnung der Beweise

Für die Tatsachen der ersten Straftat

- Aussage des Angeklagten vor Gericht
- Protokoll der Vernehmung des Angeklagten durch die

  Staatsanwaltschaft vom 15. Februar 20xx
- Aussage des Zeugen A vor Gericht
- Protokoll der Vernehmung von B durch die

  Staatsanwaltschaft
- Protokoll der Vernehmung von C durch einen

  Justizpolizeibeamten (Kopie)
- von D erstellter Schadensbericht
- Tatortaufnahme durch einen Justizpolizeibeamten
- Ermittlungsbericht eines Justizpolizisten vom 22. Januar

  20xx
- Gutachten des Sachverständigen E

  beschlagnahmter Beutel mit Rauschgift (beschlagnahmter

  Gegenstand Nr. xx-1, 20xx)
- derzeit bei der Staatsanwaltschaft beim Landgericht xx

  aufbewahrte Schusswaffe (Gegenstand Nr. xx-1 der

  Staatsanwaltschaft xx, 20xx)
- Aussage des Mitangeklagten Y vor Gericht vor der

- ・ 第3回公判調書中の証人Aの供述部分

- ・ 証人Cに対する当裁判所の尋問調書
- ・ 証人Dに対する受命裁判官の尋問調書

- ・ 当裁判所の検証調書
- ・ 医師F作成の診断書

3 累犯前科

「被告人は，令和○○年3月26日○○簡易裁判所で窃盗罪により懲役8月に処せられ，令和○○年11月26日その刑の執行を受け終わったものであって，この事実は検察事務官作成の前科調書によってこれを認める。」

4 確定判決

「被告人は，令和○○年3月10日○○地方裁判所で傷害罪により懲役1年に処せられ，その裁判は同月25日確定したものであって，この事実は検察事務官作成の前科調書によってこれを認める。」

5 法令の適用

「被告人の判示所為は刑法199条に該当するところ，所定刑中有期懲役刑を選択し，その刑期の範囲内で被告人を懲役

Trennung der Fälle

- Aussage des Zeugen A aus dem Protokoll der 3.

  Hauptverhandlung

- Protokoll der Vernehmung des Zeugen C durch das Gericht

- Protokoll der Vernehmung des Zeugen D durch den

  beauftragten Richter

- Protokoll der Augenscheinseinnnahme durch das Gericht

- Attest des Arztes F

3 Vorstrafen bei Rückfall

Der Angeklagte wurde am 26. März 20xx vor dem Amtsgericht xx zu 8 Monaten Freiheitsstrafe mit Arbeitsverpflichtung wegen Diebstahls verurteilt; diese Strafe leistete er bis zum 26. November 20xx ab. Diese Tatsache geht aus dem durch den Verwaltungsbeamten in der Staatsanwaltschaft erstellten Vorstrafenregister hervor.

4 Rechtskräftiges Urteil

Der Angeklagte wurde am 10. März 20xx vor dem Landgericht xx zu 1 Jahr Freiheitsstrafe mit Arbeitsverpflichtung wegen Körperverletzung verurteilt; dieses Urteil wurde zum 25. März desselben Jahres rechtskräftig. Diese Tatsache geht aus dem durch den Verwaltungsbeamten in der Staatsanwaltschaft erstellten Vorstrafenregister hervor.

5 Anwendung von Gesetzen und Verordnungen

Die Strafhandlung des Angeklagten fällt unter Paragraph 199 des Strafgesetzes. Das Gericht entschied sich entsprechend

8年に処し，同法21条を適用して未決勾留日数中120日をその刑に算入し，押収してある刺身包丁1本（令和○○年押第○○号の1）は判示犯行の用に供した物で被告人以外の者に属しないから，同法19条1項2号，2項本文を適用してこれを没収し，訴訟費用は，刑事訴訟法181条1項ただし書を適用して被告人に負担させないこととする。」

6 量刑の理由

出入国管理及び難民認定法違反の例

・ 本件は，Y国国民である被告人が，定められた在留期間を越えて不法に我が国に残留したという事案である。

・ 被告人が我が国に不法に残留した期間が2年余りの長期であることなどに照らすと，被告人の刑事責任は重い。

・ 他方で，被告人は，本件犯行について反省の態度を示し，今後は，本国に帰って，まじめな生活を送りながら，立ち直っていくことを誓っていること，被告人と生活を共にしていた婚約者が，被告人の本国で被告人と結婚し

bezüglich der Bestrafung des Angeklagten für eine
Freiheitsstrafe mit Arbeitsverpflichtung und für eine Strafdauer
von 8 Jahren und rechnete dabei unter Anwendung von Paragraph
21 des Strafgesetzes einen Zeitraum von 120 Tagen
Untersuchungshaft auf diese Strafe an. Da das beschlagnahmte
Sashimi-Messer (beschlagnahmter Gegenstand Nr. xx-1, 20xx),
das zum Begehen der Straftat verwendet wurde, keiner anderen
Person als dem Angeklagten gehört, wird es unter Anwendung
von Paragraph 19, Absatz 1 Nr. 2 und Absatz 2 des Strafgesetzes
eingezogen. Die Gerichtskosten sind unter Anwendung der
Einschränkungsklausel von Paragraph 181 Absatz 1 des
Strafprozessgesetzes nicht vom Angeklagten zu tragen.

6   Begründung der Strafzumessung

Beispiel: Verstoß gegen das Gesetz zur Kontrolle von
Immigration und zur Anerkennung des Flüchtlingsstatus

- Bei diesem Fall geht es darum, dass der Angeklagte, der
  Staatsbürger des Landes Y ist, sich über die festgelegte
  Aufenthaltsfrist hinaus illegal in Japan aufgehalten hat.

- Angesichts der Tatsache, dass sich der Angeklagte für den
  beträchtlichen Zeitraum von 2 Jahren illegal in Japan
  aufgehalten hat, wiegt die Schuld des Angeklagten schwer.

- Andererseits zeigt sich der Angeklagte bezüglich seiner
  Straftat reumütig und schwört, nach der Rückkehr in seine
  Heimat ein rechtschaffenes Leben zu führen und sich zu
  bessern. Seine mit ihm lebende Verlobte bekundet den

て共に生活する気持ちでおり，被告人に対する寛大な処
罰を訴えていることなど，被告人にとって酌むべき事情
もある。

・　そこで，これらの事情を総合して主文のとおり刑を量
　定した。

第6章　控訴審における判決理由

1　理由の冒頭部分

本件控訴の趣意は，弁護人甲作成名義〈検察官乙提出〉の
控訴趣意書記載のとおりであり，これに対する答弁は，検察
官乙作成名義〈弁護人甲作成名義〉の答弁書記載のとおりで
あるから，これらを引用する。

控訴趣意中量刑不当〈事実誤認，訴訟手続の法令違反，理
由不備〉の主張（論旨）について

2　理由の本論部分

(1)　控訴棄却

所論は，要するに，被告人には，本件輸入に係る物品が
覚醒剤であるとの認識がなかったのであるから，被告人に
その認識があったとして覚醒剤輸入の罪の成立を認めた原
判決には，判決に影響を及ぼすことが明らかな事実の誤認
があるというのである。しかし，原判決挙示の各証拠によ

Willen, den Angeklagten in dessen Heimat zu heiraten und mit ihm zu leben, und bittet um eine nachsichtige Behandlung des Angeklagten. Diese Umstände sprechen für den Angeklagten.

- Daher wurde die im Urteilstext genannte Strafe unter Berücksichtigung der Gesamtumstände zugemessen.

Kapitel 6   Beispiele für Urteilsbegründungen in der Berufungsinstanz

1   Einleitung der Begründung

Der Beweggrund für die vorliegende Berufung ist in der durch den Verteidiger A erstellten [beim Staatsanwalt B eingereichten] Berufungsbegründung dargelegt; die Antwort darauf ist in der   durch den Staatsanwalt B erstellten [an den Verteidiger A übermittelten] Klageerwiderung dargelegt. Aus beiden wird im Folgenden zitiert.

Behauptung (Argument) bezüglich der ungeeigneten Strafzumessung [Irrtum bei der Tatsachenfeststellung, Verfahrensfehler, unzureichenden Begründung]

2   Kernargumentation der Begründung

(1) Zurückweisung der Berufung

Es wird argumentiert, der Angeklagte sei sich nicht bewusst gewesen, dass es sich bei der importierten Ware um Rauschgift gehandelt habe, weshalb das Urteil der früheren Instanz, das davon ausging, dass der Angeklagten sich dessen bewusst war, eindeutig durch einen Irrtum bei der

ると，被告人は，本件に至るまで，貨物船〇〇の船員とし
て約 20 回日本国と〇〇国との間を往復している者である
上，〇〇国において船員としての教育を受けるに当たり，
覚醒剤等の密輸が禁止されていることや関税関係法規等に
ついての知識を得ていることが認められるから，覚醒剤が
概ねどのような物品であるかを承知していたと推認される
ところである。そして，このことを前提として，甲から本
件物品の運搬を依頼された際の物品の運搬ないし引渡しの
方法についての指示内容が極めて密行性を帯びたもので
あったこと，被告人は本件物品がビニール製 5 袋に分けら
れた白色の結晶状を呈した物質であることを確認している
こと，搬入の手段，方法が覚醒剤等を持ち込む際によく行
われる典型的な隠匿運搬方法を採っていること，その他本
件発覚前後の証拠隠滅工作，被告人の捜査官に対する供述
の内容等記録によって認められる諸事情をも考え合わせる
と，本件物品が覚醒剤であるとは知らなかったという被告
人の弁解は到底信用できるものではなく，本件輸入の際，
被告人は本件物品が覚醒剤であるとの認識を有していたと
認めるのが相当である。

Tatsachenfeststellung   beeinflusst worden sei. Allerdings
geht aus den verschiedenen Beweisen der früheren Instanz
hervor, dass der Angeklagte bis zum fraglichen Vorfall rund
20-mal als Seemann auf dem Frachtschiff „xx" zwischen Japan
und xx hin und her gereist ist und in xx eine Ausbildung als
Matrose erhalten hat, in deren Rahmen er über das
Importverbot von Rauschmitteln und die diversen
Zollbestimmungen unterrichtet wurde, weshalb ihm im
Wesentlichen bekannt gewesen sein dürfte, was ein
Rauschmittel ist. Davon ausgehend und in Anbetracht dessen,
dass die Anweisungen zu den Modalitäten des Transports und
der Übergabe der Ware, zu denen er von A aufgefordert worden
war, auf äußerst heimliche Weise erfolgten, dass der
Angeklagte erkennen konnte, dass es sich bei der Ware um
eine in 5 Vinylbeutel aufgeteilte weiße kristallförmige
Substanz handelte, dass es sich bei der Transportmethode um
eine typischerweise beim Drogenschmuggel angewandte
Methode des versteckten Transports handelte, und schließlich
in Anbetracht seiner sonstigen Handlungen zur Verdunklung
um den Zeitpunkt der Entdeckung, sind wir der Ansicht, dass
unter umfassender Betrachtung der diversen Umstände, die
aus den Aufzeichnungen zur Aussage des Angeklagten
gegenüber den Ermittlern hervorgehen, der Behauptung des
Angeklagten, nicht gewusst zu haben, dass es sich bei der
Waren um Rauschgift handelt, kein Glauben geschenkt werden

したがって，原判決がその挙示する各証拠を総合して原判示事実を認定したことは相当であり，原判決に事実誤認はないから，論旨は理由がない。

(2)　破棄自判

　所論は，要するに，被告人を禁錮1年6月に処した原判決の量刑は重すぎて不当であるというのである。

　記録によれば，本件事故は，被告人が前車の発進に気を許し左方の安全を確認することなく発進進行した過失により，折から横断歩道上を自転車に乗って進行していた被害者に自車を衝突転倒させ死亡させたというものであって，過失及び結果の重大性にかんがみると，所論指摘の被告人に有利な事情を十分考慮しても，原判決の量刑は，その宣告時においては相当であったと認めることができる。

　しかし，当審事実取調べの結果によれば，原判決後，被害者の遺族との間に，さらに任意保険等から・・・・・合計2000万円を支払うことで示談が成立していること，

kann, und dass der Angeklagte sich bei dem Import sehr wohl dessen bewusst war, dass es sich um Rauschgift handelte.

Daher ist das Urteil der ersten Instanz in seiner Feststellung der Tatsachen unter Berücksichtigung der verschiedenen Beweise angemessen, und es liegt kein Irrtum bei der Tatsachenfeststellung vor, weshalb die Argumentation keine Grundlage aufweist.

(2) Aufhebung und Eigenbeurteilung

Die Argumentation lautet, die Strafzumessung der ersten Instanz von 1 Jahr und 6 Monaten Gefängnisstrafe sei zu schwer und damit ungeeignet.

Den Aufzeichnungen zufolge hat der Angeklagte fahrlässig gehandelt, indem er allein das Anfahren des Fahrzeugs vor ihm beachtete und selbst anfuhr, ohne auf von links kommende Verkehrsteilnehmer zu achten, weshalb sein Fahrzeug mit dem Opfer zusammenstieß, das den Überweg auf dem Fahrrad überquerte, was den Tod des Opfers verursachte. Angesichts der Fahrlässigkeit und der Schwere ihrer Konsequenzen muss auch bei ausreichender Berücksichtigung der in der Argumentation aufgeführten mildernden Umstände für den Angeklagten festgestellt werden, dass das ursprünglich verkündete Urteil angemessen war.

Allerdings haben die Untersuchungen dieser Tatsacheninstanz ergeben, dass nach dem Urteil der ersten Instanz mit den Hinterbliebenen des Opfers außerdem ein

示談の成立に伴い被害感情は一層和らぎ，被害者の遺族か
ら寛大な処分を望む旨の上申がなされるに至っていること
などの事情が認められ，これによれば，原判決の量刑は，
現時点においては刑の執行を猶予しなかった点において重
きに失し，これを破棄しなければ明らかに正義に反すると
いわなければならない。

3　法令の適用部分

(1)　控訴棄却

　　よって，刑訴法396条により本件控訴を棄却し，刑法
21条により当審における未決勾留日数中50日を原判決
の刑に算入し，当審における訴訟費用は刑訴法181条1
項本文を適用して被告人に負担させることとし，主文のと
おり判決する。

(2)　破棄自判

　　よって，刑訴法397条2項により原判決を破棄し，同
法400条ただし書により更に次のとおり判決する。

　　原判決が認定した罪となるべき事実に原判決と同一の法

Dokument über außergerichtlichen Vergleich zur Zahlung von

insgesamt 20 Millionen Yen unter anderem aus einer

Versicherung getroffen wurde und die Hinterbliebenen einen

gewissen Trost aus dem Vergleich haben ziehen können und

schriftlich um eine milde Behandlung des Angeklagten

gebeten haben. In Anbetracht dessen halten wir das Urteil der

ersten Instanz zum heutigen Zeitpunkt für zu schwer, da es

keinen bedingten Strafvollzug in Aussicht gestellt hat; daher

ist die Aufhebung dieses Urteils gerechtfertigt.

3 Anwendung von Gesetzen und Verordnungen

(1) Zurückweisung der Berufung

Die Berufung wird daher gemäß Paragraph 396 des

Strafprozessgesetzes zurückgewiesen, und der Strafe des

Urteils der ersten Instanz werden gemäß Paragraph 21 des

Strafgesetzes 50 Tage Untersuchungshaft der vorliegenden

Instanz angerechnet. Der Angeklagte trägt gemäß Paragraph

181 Absatz 1 des Strafprozessgesetzes die Gerichtskosten der

vorliegenden Instanz. Das Urteil lautet wie im Urteilstext

dargelegt.

(2) Aufhebung und Eigenbeurteilung

Das Urteil der ersten Instanz wird daher gemäß Paragraph

397 Absatz 2 des Strafprozessgesetzes aufgehoben;

stattdessen ergeht gemäß der Einschränkungsklausel von

Paragraph 400 des Strafprozessgesetzes folgendes Urteil.

Für den im Urteil der ersten Instanz berücksichtigten

令を適用（科刑上一罪の処理，刑種の選択を含む。）し，その刑期の範囲内で被告人を懲役2年10月に処し，刑法21条により原審における未決勾留日数中50日をその刑に算入し，原審及び当審における訴訟費用は刑訴法181条1項ただし書を適用して被告人に負担させないこととし，主文のとおり判決する。

(3)　破棄差戻し

　　よって，刑訴法397条1項，377条3号により原判決を破棄し，同法400条本文により本件を原裁判所である○○簡易裁判所に差し戻すこととし，主文のとおり判決する。

Tatbestand werden dabei dieselben Gesetze und Verordnungen wie im Urteil der ersten Instanz angewandt (einschließlich der Entscheidungen über die Behandlung zusammengesetzter Straftaten und die Art der Strafe), und der Angeklagte wird innerhalb des durch die genannten Gesetze und Verordnungen vorgegebenen Rahmens zu einer Freiheitsstrafe mit Arbeitsverpflichtung von 2 Jahren und 10 Monaten verurteilt, und der Strafe werden gemäß Paragraph 21 des Strafgesetzes 50 Tage Untersuchungshaft aus der ersten Instanz angerechnet. Unter Anwendung der Einschränkungsklausel von Paragraph 181 Absatz 1 des Strafprozessgesetzes muss der Angeklagte die Gerichtskosten der ersten sowie der vorliegenden Instanz nicht übernehmen. Das Urteil lautet wie im Urteilstext dargelegt.

(3) Aufhebung und Zurückweisung an die vorherige Instanz

Das Urteil der ersten Instanz wird daher gemäß Paragraph 397 Absatz 1 und Paragraph 377 Nr. 3 des Strafprozessgesetzes aufgehoben, und der Fall wird gemäß Paragraph 400 des Strafprozessgesetzes an das ursprüngliche Gericht, nämlich das Amtsgericht xx, zurückverwiesen. Das Urteil lautet wie im Urteilstext dargelegt.

第4編

法律用語等の対訳

第4編　法律用語等の対訳

第1章　法律用語の対訳

【あ　行】

・相被告人［共同被告人］	・Mitangeklagter
・あおる	・aufhetzen
・アリバイ	・Alibi
・アルコール中毒	・Alkoholsucht; Alkoholiker
・言い渡す	・das Urteil aussprechen, verkünden
・異議	・Einspruch
・異議の申立て	・Einlegung von Einspruch
・意見陳述	・Meinungsäußerung, Meinungserklärung
・移送（被告事件の）	・Verweisung (einer Klage)
・移送（被告人の）	・Überstellung (eines Angeschuldigten)
・一事不再理	・ne bis in idem (Verbot der Mehrfachbestrafung)
・遺伝	・Vererbung
・居直り強盗	・Diebstahl, der durch Anwendung von Nötigungsmitteln zum Raub wird
・違法収集証拠	・rechtswidrig erlangtes Beweismittel
・違法性	・Rechtswidrigkeit
・違法性阻却事由	・Rechtfertigungsgrund
・医療刑務所	・Justizvollzugskrankenhaus
・医療の終了	・Ende der medizinischen Behandlung
・因果関係	・Kausalzusammenhang
・因果関係の中断	・Unterbrechung des Kausalzusammenhangs

・インターネット異性紹介事業	・Internet-Kontaktbörse
・引致	・Vorführung
・隠匿する	・vertuschen, verheimlichen, unterdrücken
・員面調書	・polizeiliches Vernehmungsprotokoll
・うそ発見器	・Polygraph, Lügendetektor
・疑うに足りる相当な理由	・begründeter Verdacht
・写し	・Abschrift, Kopie, Duplikat
・うつ病	・Depressionen
・営業秘密	・Geschäftsgeheimnis
・営利の目的	・zum Zweck der Gewinnerzielung
・閲覧する	・Einsicht nehmen, überprüfen, einsehen (Untersuchungsbericht u. a.)
・えん罪	・falsche Anschuldigung
・援用	・Zitierung, Berufung, Erbringung eines Nachweises
・押印	・Siegeln, Stempeln
・押収	・Beschlagnahme
・押収物	・beschlagnahmte Gegenstände, sichergestellte Gegenstände
・汚職	・Bestechlichkeit, Korruption
・おとり捜査	・Lockvogelfahndung, Undercover-Fahndung
・恩赦	・Amnestie, Begnadigung, Gnadenakt

【か　行】

・戒護	・Gewahrsahm, sichernde Maßnahmen
・改ざんする	・fälschen

- 開示
  - Offenlegung, Freigabe, Veröffentlichung, Publizität
- 改悛の情
  - (Zeichen der) Reue
- 外傷性
  - traumatisch
- 海上保安庁
  - Amt für maritime Sicherheit
- 海上保安留置施設
  - Haftanstalt des Amts für maritime Sicherheit
- 開廷
  - Eröffnung einer Gerichtssitzung
- 回答書
  - schriftliche Antwort, Antwortschreiben
- 外務省
  - Außenministerium
- 科学警察研究所（科警研）
  - National Research Institute of Police Science
- 覚醒剤
  - Stimulantia, Rauschmittel, Rauschgift, Drogen
- 覚醒剤中毒者
  - Rauschgiftsüchtiger, Drogensüchtiger
- 確定
  - Feststellung; Rechtskräftigkeit
- 確定判決
  - rechtskräftiges Urteil
- 科刑上一罪
  - zusammengesetzte Straftat, Bestrafung von mehr als einer Tatbestandsmäßigkeit als Tateinheit
- 過失
  - Fahrlässigkeit
- 過失犯
  - Straftat infolge von Fahrlässigkeit
- 過剰避難
  - Abwenden akuter Gefahr durch übertriebene Widerstände
- 過剰防衛
  - Notwehrüberschreitung, Notwehrexzess
- 加重
  - erschwerender Umstand, Erschwerung;

	(Straf-) Verschärfung
・家庭裁判所（家裁）	・Familiengericht
・家庭裁判所調査官	・Inspektor beim Familiengericht
・可罰的違法性	・strafbare Rechtswidrigkeit
・仮釈放	・vorläufige Freilassung
・仮納付	・Zahlung unter Vorbehalt
・仮放免	・vorläufige Entlassung
・過料	・Bußgeld, Geldbuße
・科料	・Geldstrafe (geringfügiger Betrag)
・簡易公判手続	・vereinfachtes Gerichtsverfahren
・簡易裁判所（簡裁）	・Amtsgericht, einfacher Gerichtshof
・姦淫	・Ehebruch
・管轄	・Zuständigkeit, Kompetenz
・管轄違い	・mangelnde Zuständigkeit, Unzuständigkeit
・間接事実	・mittelbare Tatsache, Indiztatsache, Indiz
・間接証拠	・indirekter Beweis
・間接正犯	・mittelbare Täterschaft, mittelbarer Täter
・監置	・gerichtlich angeordnete Inhaftierung (zwecks der Aufrechterhaltung der Ordnung im Gericht)
・鑑定	・Begutachtung; Gutachten
・鑑定証人	・sachverständiger Zeuge
・鑑定嘱託書	・schriftliches Ersuchen um Erstattung eines Gutachtens
・（鑑定その他）医療的観察	・medizinische Untersuchung (zu Begutachtungszwecken)

・鑑定手続実施決定	・Entscheidung über Durchführung einer Begutachtung
・鑑定入院命令	・Anordnung zur Einweisung in ein Krankenhaus zwecks medizinischer Begutachtung
・鑑定人	・Sachverständiger, Gutachter
・鑑定留置	・Unterbringung zur Begutachtung
・観念的競合	・Idealkonkurrenz, Tateinheit
・還付	・Rückgabe beschlagnahmter Gegenstände
・管理売春	・organisierte Prostitution
・期間	・Zeitraum, Frist
・棄却する	・zurückweisen, abweisen, verwerfen
・偽計	・Täuschung, Betrug, List
・期日	・Tag (der Verhandlung), Verhandlungstermin, Termin (der Verhandlung)
・期日間整理手続	・Interim-Besprechung zwischen den Verhandlungsterminen (zur Vermittlung)
・期日間整理手続調書	・Protokoll der Interim-Besprechung zwischen den Verhandlungsterminen
・既遂	・Vollendung der Straftat
・偽造	・Fälschung
・起訴事実	・Anklagepunkte, Anklagetatsache, Anklagegrund
・起訴状	・Klageschrift, Anklageschrift
・起訴状の訂正	・Korrektur der Anklageschrift

法律用語【か行】

・起訴する	・anklagen, Anklage erheben
・起訴猶予	・Opportunitätsprinzip
・既判力	・Rechtskraft
・忌避	・Ablehnung des Richters (wegen Zweifel an dessen Qualifikation)
・基本的人権	・grundlegendes/fundamentales Menschenrecht
・欺罔する（欺く）	・falsche Tatsachen vorspiegeln, irreführen, täuschen
・客体の錯誤	・Irrtum über den Gegenstand der Tat, error in objecto, Objektirrtum
・却下する	・fallenlassen, verwerfen, zurückweisen
・求刑	・gefordertes Strafmaß
・急迫の危険	・unmittelbare Gefahr
・急迫不正の侵害	・gegenwärtiger rechtswidriger Angriff
・恐喝する	・bedrohen, erpressen
・凶器	・Tatwaffe
・教唆する	・anstiften
・供述	・Aussage, Vernehmung
・供述拒否権	・Recht auf Verweigerung der Aussage, Aussageverweigerungsrecht
・供述書	・Vernehmungsschrift
・供述調書	・Vernehmungsprotokoll
・供述の任意性	・Freiwilligkeit der Aussage
・［強制］送還	・(erzwungene) Abschiebung, Ausweisung
・強制捜査	・Zwangsuntersuchung, Zwangsmaßnahme

	zur Ermittlung, Zwangsermittlung
・共同正犯	・Mittäterschaft; Mittäter
・共同被告人	・Mitangeklagter
・共同暴行	・Gewalttätigkeit durch mehr als eine Person
・脅迫する	・bedrohen, einschüchtern
・共犯	・Mittäterschaft, Komplizenschaft; Mittäter, Komplize
・共謀	・Verschwörung, Komplott
・共謀共同正犯	・konspirative Mittäterschaft
・業務上過失	・berufliche Fahrlässigkeit
・業務上の注意義務	・berufliche Sorgfaltspflicht
・挙証責任	・Beweislast
・記録命令付差押え	・Beschlagnahme von digitalen Aufzeichnungen
・記録命令付差押許可状	・Bewilligung der Beschlagnahme von digitalen Aufzeichnungen
・記録命令付差押調書	・Protokoll der Beschlagnahme von digitalen Aufzeichnungen
・緊急逮捕	・Festnahme im Dringlichkeitsfall
・緊急避難	・Notstand
・禁錮	・Einschließung, Einsperrung
・禁制品	・Schmuggelware, Konterbande
・区	・Bezirk
・区検察庁（区検）	・Staatsanwaltschaft beim Amtsgericht
・区分審理	・aufgeteiltes Verfahren, Teilverfahren
・刑期	・Strafdauer, Strafzeit

・警告	・Verwarnung, Verweis
・警察署	・Polizeiwache, Polizeistation
・警察庁	・Nationalamt für Polizeiwesen
・警察庁次長	・Vizepräsident des Nationalamts für Polizeiwesen
・警察庁長官	・Präsident des Nationalamts für Polizeiwesen
・警視	・Polizeileutnant
・警視監	・Polizei-Oberleutnant
・刑事施設	・Haftanstalt
・刑事収容施設	・Haftanstalt (hauptsächlich zur Unterbringung von Personen in Untersuchungshaft und zum Tode Verurteilten)
・刑事処分	・Strafverfügung, Bestrafung
・警視正	・Polizeikommissar
・刑事責任	・strafrechtliche Haftung, strafrechtliche Schuld; Schwere der Schuld
・警視総監	・Polizeipräsident der Hauptstadt
・刑事第1部	・1. Abteilung der Kriminalpolizei
・警視庁	・Polizeipräsidium der Hauptstadt
・警視長	・Polizeihauptkommissar
・刑事未成年者	・Minderjähriger im strafrechtlichen Sinn
・刑の一部の執行猶予	・Strafaussetzung zur Bewährung für einen Teil der Strafe
・刑の全部の執行猶予	・Strafaussetzung zur Bewährung für die

	gesamte Strafe
・刑の量定に影響を及ぼす情状	・Umstände, die die Strafzumessung beeinflussen
・刑罰	・Kriminalstrafe
・頚部	・Hals; Cervix
・警部	・Polizei-Oberinspektor
・警部補	・Polizeiinspektor
・刑務官	・Gefängnisbeamter
・刑務所	・Gefängnis
・刑務所長	・Gefängnisleiter
・結果回避義務	・Pflicht, der Gefahr auszuweichen, Erfolgsabwendungspflicht
・欠格事由	・Unfähigkeitsgrund, Grund für das Fehlen von Voraussetzungen
・結果的加重犯	・Steigerung des Ausmaßes des Delikts durch nicht intendierte Erfolge
・結審する	・Gerichtsverhandlung abschließen, Verhandlung schließen
・決定	・Entscheidung, Urteil, Beschluss
・県	・Präfektur
・原因において自由な行為	・actio libera in causa
・厳格な証明	・Strengbeweis
・県警察本部	・Polizeipräsidium der Präfektur
・現行犯	・auf frischer Tat
・現行犯人逮捕手続書	・schriftliche Erklärung zur Festnahme auf frischer Tat

・原裁判所	・Gericht der früheren Instanz
・検察官	・Staatsanwalt
・検察官請求証拠	・von der Staatsanwaltschaft beantragtes Beweismaterial
・検察事務官	・Verwaltungsbeamter in der Staatsanwaltschaft
・検察審査員	・Mitglied des staatsanwaltschaftlichen Untersuchungsausschusses
・検察審査会	・staatsanwaltschaftlicher Untersuchungsausschuss
・検視	・Obduktion, Leichenschau
・検事	・Staatsanwalt
・検事正	・Leiter der Staatsanwaltschaft beim Landgericht
・検事総長	・Generalstaatsanwalt
・検事長	・Leiter der Obersten Staatsanwaltschaft
・現住建造物	・Gebäude, in dem sich Menschen aufhalten
・検証	・Augenschein, Augenscheinseinnnahme
・検証調書	・Protokoll über die Augenscheinseinnnahme
・原審	・erste Instanz
・原審弁護人	・Anwalt in erster Instanz
・限定責任能力	・verminderte Zurechnungsfähigkeit, beschränkte Schuldfähigkeit
・原判決	・Urteil der früheren Instanz, angefochtenes Urteil
・憲法違反	・Verfassungsverstoß, Verletzung der

	Verfassung
・原本	・Original, Urschrift
・検面調書	・staatsanwaltliches Vernehmungsprotokoll
・権利保釈	・Aussetzung der Untersuchungshaft gegen Sicherheitsleistung
・牽連犯	・anschließende Straftaten
・故意	・Vorsatz
・合意書面	・Schriftstück in gegenseitigem Einvernehmen
・勾引状	・Vorführungsbefehl
・勾引する	・vorführen
・合議体	・Senat, Kammer, Spruchkörper, Kollegialorgan
・公共職業安定所（職安）	・Arbeitsamt
・抗拒不能	・Widerstandsunfähigkeit
・後見監督人	・Gegenvormund
・後見人	・Vormund
・抗告	・Beschwerde
・抗告裁判所	・Beschwerdegericht
・抗告の趣旨	・Inhalt einer Beschwerde
・抗告の取下げ	・Zurückziehung einer Beschwerde
・公使	・Gesandter
・強取する	・rauben
・公序良俗	・öffentliche Ordnung und gute Sitten
・更新する	・erneuern, aktualisieren
・更生	・Rehabilitation, Besserung

・更正決定	・Berichtigung des Urteils, Berichtigungsbeschluss
・構成裁判官	・Richter in einer Strafkammer, Berufsrichter (im Gegensatz zum Schöffenrichter)
・構成要件	・Tatbestand
・厚生労働省	・Ministerium für Gesundheit, Arbeit und Soziales
・厚生労働大臣	・Minister für Gesundheit, Arbeit und Soziales
・控訴	・Berufung
・公訴	・öffentliche Anklage
・公訴棄却	・Abweisung der Anklage
・控訴棄却	・Zurückweisung der Berufung
・公訴権濫用	・Missbrauch des Rechts (der Staatsanwaltschaft) auf Anklage
・控訴裁判所	・Berufungsgericht
・公訴時効	・Verjährung, Verfolgungsverjährung
・公訴事実	・Anklagepunkte in der öffentlichen Klage, Anklagetatsachen
・控訴趣意書	・schriftliche Berufungsbegründung
・控訴審	・Berufungsinstanz
・公訴提起	・Anklageerhebung
・控訴提起期間	・Berufungsfrist
・控訴申立書	・Berufungsantrag
・控訴理由	・Berufungsgrund
・拘置所	・Haftanstalt für Untersuchungshaft

・交通切符	・Strafzettel, Bußgeldbescheid
・交通事件原票	・Verkehrssünderkartei
・交通反則金	・Bußgeld für Verkehrssachen
・口頭	・mündliche Äußerung
・高等検察庁（高検）	・Staatsanwaltschaft beim Oberlandesgericht
・高等裁判所（高裁）	・Oberlandesgericht
・高等裁判所長官	・Präsident des Oberlandesgerichts
・口頭弁論	・mündliche Verhandlung
・公判期日	・Tag der Gerichtsverhandlung, Termin zur Hauptverhandlung, Verhandlungstermin
・公判準備	・Vorbereitung der Hauptverhandlung
・公判調書	・Protokoll der Hauptverhandlung, Verhandlungsprotokoll
・公判廷	・Gerichtsverhandlung (öffentliche Sitzung)
・公判手続	・Hauptverhandlung
・公判前整理手続	・Vorverfahren vor der Hauptverhandlung
・公判前整理手続期日	・Termin des Vorverfahrensvor der Hauptverhandlung
・公判前整理手続調書	・Protokoll des Vorverfahrens vor der Hauptverhandlung
・交付送達	・Zustellung durch Übergabe
・公文書	・öffentliche Urkunde
・公務員	・Beamter
・拷問	・Folter
・公用文書	・öffentliches Dokument, Urkunde im Amtsgebrauch

・勾留	・Untersuchungshaft
・拘留	・(kurze) Haft, Inhaftierung
・勾留執行停止	・Aussetzung der Untersuchungshaft/des Vollzugs des Haftbefehls
・勾留状	・Untersuchungshaftbefehl (Dokument)
・勾留理由開示	・Offenlegung der Haftgründe
・コカイン	・Kokain
・呼気アルコール濃度	・Atem-Alkoholkonzentration
・語気を荒げて	・in barschem Ton
・国外犯	・im Ausland begangenes Delikt, Straftat im Ausland
・国際司法共助	・internationale Rechtshilfe
・国籍	・Staatsangehörigkeit
・国選被害者参加弁護士	・vom Gericht bestellter Anwalt für Geschädigte
・国選弁護人	・Pflichtverteidiger
・告訴	・Strafantrag
・告訴状	・Strafantragsschrift
・告知する	・ankündigen
・告発	・Strafanzeige
・告発状	・Strafanzeigeschrift
・戸籍抄本	・Familienstandsregisterauszug
・戸籍謄本	・Familienstandsregisterabschrift
・護送	・Begleitschutz
・誤想防衛	・Putativnotwehr
・国家公安委員会	・Ausschuss für öffentliche Ordnung und

| | Sicherheit |
| ・誤判 | ・Fehlurteil |

【さ　行】

・罪刑法定主義	・Legalitätsprinzip, nulla poena sine lege
・裁決	・Urteil
・最高検察庁（最高検）	・Oberste Staatsanwaltschaft
・再抗告	・erneute Beschwerde
・最高裁判所（最高裁）	・Oberster Gerichtshof
・最高裁判所長官	・Präsident des Obersten Gerichtshofs
・最高裁判所判事	・Richter am Obersten Gerichtshof
・最終弁論	・Plädoyer der Verteidigung
・罪証隠滅のおそれ	・Verdunklungsgefahr
・罪状認否	・Vernehmung zur Anklage
・再審	・Wiederaufnahme (des Verfahrens)
・再審開始決定	・Entscheidung zur Wiederaufnahme
・再審事由	・Begründung der Wiederaufnahme
・罪数	・Anzahl der Tatbestände
・罪体	・objektive Tatbestandsmerkmale, corpus delicti
・在庁略式手続	・vereinfachtes Strafbefehlsverfahren für den Beschuldigten, das während seines Aufenthalts im Gericht durchgeführt wird
・在廷証人	・Zeuge vor dem Gericht, anwesender Zeuge
・再入国許可	・Wiedereinreiseerlaubnis
・採尿手続	・Urinprobennahme

・再犯	・Wiederholungstat, Rückfalltat
・裁判	・Prozess, Verhandlung; Entscheidung
・裁判員	・Schöffe
・裁判員候補者	・Kandidat für Schöffenamt
・裁判員等選任手続	・Berufung von Schöffen
・再犯加重	・kumulative Strafe für einen Wiederholungstäter, Strafverschärfung aufgrund von Rückfälligkeit
・裁判官	・Richter
・裁判官の面前における供述	・Aussage vor dem Richter
・裁判権	・Gerichtsstand, Gerichtsbarkeit
・裁判所	・Gericht
・裁判所事務官	・Verwaltungsbeamter im Gericht, Gerichtsbeamter
・裁判所書記官	・Urkundsbeamter im Gericht
・裁判所速記官	・Gerichtsschreiber
・再反対尋問	・erneutes Kreuzverhör
・裁判長	・vorsitzender Richter
・裁判を受ける権利	・Recht auf Anrufung eines Gerichtes
・財物	・Besitz
・罪名	・Deliktsbezeichnung, Bezeichnung der Straftat
・在留期間の更新許可	・Erlaubnis zur Verlängerung der Aufenthaltsfrist
・在留資格	・Aufenthaltstitel
・在留資格証明書	・Aufenthaltsurkunde

・裁量保釈	・Freilassung gegen Sicherheitsleistung von Amts wegen
・錯誤	・Irrtum
・酒酔い・酒気帯び鑑識カード	・Karte mit dem Ergebnis eines Alkoholtests
・差押え	・Beschlagnahme
・差押調書	・Protokoll der Beschlagnahme
・差し戻す	・zurückweisen (an die vorherige Instanz)
・査証（ビザ）	・Visum
・査証相互免除	・gegenseitige Aufhebung der Visumpflicht
・参考人	・Zeuge
・資格外活動許可	・Genehmigung einer Tätigkeit außerhalb der eigentlichen Qualifikation
・自救行為	・Selbsthilfe
・死刑	・Todesstrafe
・事件受理	・Annahme eines Falls
・時効	・Verjährung
・事後審	・Nachprüfung durch eine höhere Instanz
・自己に不利益な供述	・selbstbelastende Aussage
・自己負罪拒否特権	・Nemo-tenetur-Grundsatz, Selbstbelastungsverweigerungsrecht
・自己矛盾の供述	・in sich widersprüchliche Aussagen
・事実誤認	・Irrtum bei der Tatsachenfeststellung
・事実審	・Tatsacheninstanz
・事実の錯誤	・Tatsachenirrtum des Täters
・事実の取調べをする	・Tatbestand untersuchen, Tatsachen prüfen
・自首	・Selbststellung, Selbstanzeige

・事前準備	・Vorbereitung der Verhandlung
・私選弁護人	・Wahlverteidiger
・刺創	・Stichwunde
・死体検案書	・Obduktionsbericht
・辞退事由	・Rücktrittsbegründung (für Schöffenrichter)
・示談書	・Dokument über außergerichtlichen Vergleich
・示談する	・einen außergerichtlichen Vergleich anstreben, sich außergerichtlich einigen
・次長検事	・stellvertretender Leiter in der Staatsanwaltschaft
・市町村	・Städte und Gemeinden
・市町村長	・Bürgermeister oder Ortsvorsteher
・失火	・fahrlässige Brandstiftung
・実況見分調書	・Tatortaufnahme, Bericht über das Ergebnis der Augenscheinnnahme
・実刑	・tatsächlich zu verbüßende Strafe, Urteil ohne Aussetzung der Strafe zur Bewährung
・失血死	・Tod durch Blutverlust
・執行	・Vollstreckung (einer Strafe)
・実行行為	・Ausführungshandlung
・執行停止	・Einstellung der Vollstreckung
・実行の着手	・Anfang der Ausführungshandlung, Ansetzen zur Tatbestandsverwirklichung
・質問票	・Fragebogen

- 指定医療機関
- medizinische Spezialeinrichtung
- 指定侵入工具
- (per Gesetz verbotenes) Einbruchswerkzeug
- 指定通院医療機関
- Einrichtung für den ambulanten Maßregelvollzug
- 指定入院医療機関
- Einrichtung für den stationären Maßregelvollzug
- 刺突
- Stich
- 児童買春
- Kinderprostitution
- 自白
- Geständnis
- 自費出国
- Ausreise auf eigene Kosten
- 事物管轄
- sachliche Zuständigkeit
- 司法警察員
- Justizpolizeibeamter
- 司法警察職員
- Polizeibeamter, Beamter der Justizpolizei
- 司法巡査
- Justizpolizist, Ordnungsbeamter
- 死亡診断書
- Totenschein
- 始末書
- schriftliche Entschuldigung
- 氏名照会回答書
- schriftliche Antwort auf Identifizierungsersuchen
- 指紋照会回答書
- schriftliche Antwort auf Fingerabdrucksidentifizierungsersuchen
- 社会通念
- allgemeine Auffassung, Sozialüblichkeit
- 社会的相当行為
- Handlung, die sozial gerechtfertigt werden kann, sozialadäquate Handlung, sozialadäquates Verhalten
- 社会に復帰することを促進する
- Förderung der Wiedereingliederung in die Gesellschaft, Förderung der

	Resozialisierung
・社会復帰調整官	・Resozialisierungshelfer
・釈放	・Entlassung aus der Haft, Freilassung
・釈明	・richterliche Aufklärungspflicht
・酌量減軽	・Strafmilderung nach gerichtlichem Ermessen
・写真撮影報告書	・Ermittlungsbericht mit Fotos
・遮へい	・Verdunklung
・重過失	・grobe Fahrlässigkeit
・収容	・Gewahrsamnahme
・住居	・Wohnsitz, Wohnung
・就職禁止事由	・Begründung für Berufsverbot
・囚人	・Häftling, Sträfling
・自由心証主義	・Prinzip der freien Beweiswürdigung
・周旋する	・vermitteln
・重大な事実の誤認	・grober Irrtum bei der Tatsachenfeststellung
・（重大な）他害行為	・(schwere) Körperverletzung
・自由な証明	・freie Beweisführung, Freibeweis
・従犯	・Beihilfe
・主観的違法要素	・subjektive Elemente der Rechtswidrigkeit
・酒気帯び	・unter Alkoholeinfluss
・主刑	・Hauptstrafe
・受刑者	・verurteilter Gefängnisinsasse, Gefangener
・主尋問	・Hauptuntersuchung, Hauptverhör
・受訴裁判所	・Gericht, an dem die Anklage erhoben wurde, Prozessgericht

・受託裁判官	・beauftragter Richter, ersuchter Richter, betrauter Richter
・出国命令	・Landesverweis
・出頭	・Erscheinen vor Gericht
・出頭命令	・Anordnung zum Erscheinen vor Gericht
・出入国記録	・Ein- und Ausreiseerfassung
・主任弁護人	・Hauptverteidiger
・主犯	・Haupttäter
・主文（判決主文）	・Urteilsformel, Urteilstenor
・受命裁判官	・beauftragter Richter (innerhalb eines Kollegialgerichts)
・主要事実	・Haupttatsache
・準起訴手続	・Klageerzwingungsverfahren
・準抗告	・einfache Beschwerde, Quasi-Beschwerde
・巡査	・Polizist
・巡査長	・Polizeihauptmann
・巡査部長	・Polizeiwachtmeister
・遵守事項	・Auflage
・照会	・Untersuchung, Anfrage, Erkundigung
・傷害	・Körperverletzung
・召喚	・Vorladung
・召喚状	・Vorladungsschreiben, schriftliche Vorladung
・召喚する	・vorladen
・情況（状況）証拠	・Indizienbeweis
・証言	・Aussage

・証拠	・Beweis
・証拠開示	・Offenlegung von Beweismaterialien, Akteneinsichtnahme
・上告	・Revision
・上告趣意書	・schriftliche Begründung der Revision
・上告審	・Revisionsgericht, Revisionsinstanz
・上告理由	・Revisionsbegründung
・証拠決定	・Beschluss über Zulassung oder Nichtzulassung eines Beweismittels, Beweisbeschluss
・証拠書類	・Urkundsbeweis, Beweisurkunde
・証拠調べ	・Beweisaufnahme
・証拠資料	・Beweismittel
・証拠説明	・Beweiserläuterung
・証拠等関係カード	・Liste der Beweismittel
・証拠能力	・Zulässigkeit des Beweismittels
・証拠の提示	・Vorlage von Beweisen
・証拠の標目	・Bezeichnung der Beweise
・証拠排除	・Ausschluss eines Beweises
・証拠物	・Beweisobjekt, Beweisgegenstand
・証拠方法	・Beweisverfahren
・証拠保全	・Beweissicherung
・常習性	・Wiederholungstat, kriminelle Gewohnheit
・常習犯	・Mehrfachtäter, Gewohnheitstäter
・情状	・Umstände (in der Strafzumessung)
・情状酌量	・mildernde Umstände (in der

Strafzumessung)

・上申書	・schriftliche Aussage, schriftliche Erklärung
・上訴	・Rechtsmittel; Revision, Berufung
・上訴権者	・Rechtsmittelberechtigter
・上訴裁判所	・Berufungsgericht, Revisionsgericht
・上訴趣意書	・schriftliche Begründung der Revision/Berufung
・上訴提起期間	・Berufungsfrist, Revisionsfrist, Rechtsmitteleinlegungsfrist
・上訴の取下げ	・Zurücknahme eines Rechtsmittels
・上訴の放棄	・Verzicht auf Rechtsmittel
・焼損する	・einen Brandschaden erleiden
・証人	・Zeuge
・証人尋問	・Zeugenvernehmung, Zeugenbefragung
・証人尋問調書	・Zeugenvernehmungsprotokoll
・証人等特定事項	・identifizierende Angaben zur Person von Zeugen usw.
・少年	・Jugendlicher
・少年院	・Besserungsanstalt
・少年刑務所	・Jugendgefängnis
・条文	・Gesetzestext
・小法廷	・kleiner Gerichtshof, kleiner Senat (beim obersten Gerichtshof)
・抄本	・Auszug
・証明予定事実	・am Verhandlungstag von der Staatsanwaltschaft vorgelegte schriftliche

	Aufführung der mittels Beweislast zu belegenden Tatbestände
・証明力	・Beweiskraft
・条約	・Abkommen, völkerrechtlicher Vertrag
・上陸拒否事由	・Gründe der Einreiseverweigerung
・条例	・Verordnung
・除外決定	・Entscheidung über Ausschluss
・処遇事件	・Fall mit Behandlung in einer Einrichtung für den Maßregelvollzug
・嘱託する	・beauftragen, ersuchen
・職務質問	・dienstliche Vernehmung
・職務従事予定期間	・voraussichtliche Dienstzeit (von Schöffen)
・所持品検査	・polizeiliche Kontrolle der persönlichen Gegenstände, Besitzdurchsuchung
・書証	・Urkundsbeweis
・除斥	・gesetzlicher Ausschluss eines Richters
・処断する	・bestrafen
・職権	・Amtsbefugnis, von Amts wegen
・職権証拠調べ	・amtliche Beweisaufnahme, Beweiserhebung von Amts wegen
・職権調査	・Prüfung von Amts wegen
・職権保釈	・Freilassung gegen Sicherheitsleistung von Amts wegen
・職権濫用	・Amtsmissbrauch
・処罰条件	・Bedingungen der Strafbarkeit
・初犯	・Ersttäterschaft; Ersttäter

・署名	・Unterschrift
・資力申告書	・Vermögensdeklaration
・信義則	・Fairnessprinzip, Prinzip von Treu und Glauben
・人権擁護局	・Amt zum Schutz der Menschenrechte
・親告罪	・strafbare Handlung, die erst auf Anzeige oder Strafantrag des Opfers verfolgt wird (Antragsdelikt)
・審査補助員	・Berater des staatsanwaltlichen Untersuchungsausschusses
・心証	・Beweiswürdigung
・身上照会回答書	・schriftliche Antwort auf Anfrage wegen Familienstand
・心神耗弱	・Geistesschwäche
・心神喪失	・Geistesstörung
・審尋	・Verhör, Vernehmung
・人身取引	・Menschenhandel
・真正な	・authentisch, echt
・親族相盗	・Diebstahl unter Verwandten, Haus- und Familiendiebstahl
・身体検査	・körperliche Untersuchung
・身体検査令状	・Anordnung einer körperlichen Untersuchung
・診断書	・ärztliches Attest, medizinisches Zeugnis
・人定質問	・Vernehmung über persönliche Verhältnisse
・シンナー	・Verdünnungsmittel

・審判	・Beurteilung; Verfahren
・審判期日	・Tag der Beurteilung
・審判調書	・Protokoll der Beurteilung
・尋問事項	・Vernehmungspunkte
・尋問する	・vernehmen, verhören
・信用性	・Glaubwürdigkeit
・信頼の原則	・Vertrauensgrundsatz
・審理不尽	・vorschnelles Urteil, Verletzung der Aufklärungspflicht
・推定する	・vermuten
・性格異常	・Persönlichkeitsstörung
・生活環境	・Lebensumfeld
・税関	・Zoll, Zollamt
・請求による裁判員等の解任	・Entlassung eines Schöffen auf Antrag
・正式裁判	・ordentliches Gerichtsverfahren
・正式裁判請求	・Anspruch auf ordentliches Gerichtsverfahren
・精神鑑定	・psychiatrisches Gutachten
・精神障害者	・Geistesbehinderter
・精神障害を改善する	・Besserung einer Geistesbehinderung
・精神病	・Geisteskrankheit
・精神病質	・psychopathische Persönlichkeit
・精神保健観察	・Beobachtung der geistigen Gesundheit
・精神保健参与員	・Fachberater für psychische Krankheiten
・精神保健指定医	・bestellter Facharzt für psychische Krankheiten

・精神保健審判員	・beratender Facharzt für psychische Krankheiten
・精神保健判定医	・begutachtender Facharzt für psychische Krankheiten
・精神保健福祉士	・Sozialarbeiter für psychisch Kranke
・正当業務行為	・im Rahmen der Berufsausübung gesetzmäßige Handlung
・正当防衛	・berechtigte Notwehr
・正犯	・Täterschaft
・正本	・amtlich beglaubigte Kopie, Ausfertigung
・声紋	・akustischer Fingerabdruck
・政令	・Regierungsbefehl, Kabinettsverordnung, Durchführungsanweisung
・責任	・Haftung; Verantwortlichkeit, Schuld
・責任軽減事由	・Schuldminderungsgründe
・責任阻却事由	・Entschuldigungsgründe
・責任能力	・Schuldfähigkeit
・責任無能力者	・nicht schuldfähige Person
・責任要素	・Schuldmerkmal, Schuldelement
・責問権の放棄	・Verzicht auf das Recht, Verfahrensfehler zu rügen
・是正命令	・Korrekturanweisung
・接見	・Kontakt und Kommunikation mit der Außenwelt, Verkehr mit anderen Personen
・接見禁止	・Verbot von Kontakt und Kommunikation mit der Außenwelt, Verbot des Verkehrs

	mit anderen Personen
・接見交通	・Kontakt und Kommunikation mit der Außenwelt durch Besuch, Korrespondenz und Paket
・窃取	・Diebstahl
・絶対的控訴理由	・absoluter Berufungsgrund
・是非弁別	・Unterscheidung von Recht und Unrecht
・前科	・Vorstrafe, vorbestraft
・前科調書	・Vorstrafenregister
・宣告する	・das Urteil aussprechen, verurteilen
・宣誓	・Eid
・専属管轄	・ausschließliche Zuständigkeit
・選任決定	・Auswahlentscheidung
・選任予定裁判員	・Schöffe auf der Auswahlliste
・訴因	・Anklagepunkt
・訴因変更	・Änderung der Anklagepunkte, Änderung des Klagegrundes
・訴因を明示する	・Anklagepunkte/Klagegrund genau beschreiben
・捜査	・Untersuchung, Ermittlung
・捜査機関	・Ermittlungsorgan, Ermittlungsbehörde
・捜査記録	・Ermittlungsprotokoll, Ermittlungsakten
・捜索	・Durchsuchung, Fahndung
・捜索差押許可状	・Durchsuchungs- und Beschlagnahmebefehl
・捜索差押調書	・Protokoll der Durchsuchung und Beschlagnahme

- 捜索状
- 捜索調書
- 捜査照会回答書
- 捜査状況報告書
- 送達する
- 送致する

- 相当因果関係

- 相当な理由
- 遡及処罰の禁止

- 即時抗告
- 訴訟記録
- 訴訟係属
- 訴訟行為
- 訴訟指揮
- 訴訟条件

- 訴訟手続
- 訴訟手続の法令違反

- 訴訟能力
- 訴訟費用
- 速記

- Durchsuchungsbefehl
- Durchsuchungsprotokoll
- Fragebogen zur Ermittlung
- Bericht zum Stand der Untersuchungen
- zustellen
- (einen festgenommenen Beschuldigten) übergeben
- adäquater Kausalzusammenhang, adäquate Verursachung
- begründet, mit angemessenem Grund
- Rückwirkungsverbot für strafbegründende und strafschärfende Strafvorschriften, Verbot der rückwirkenden Bestrafung
- sofortige Beschwerde
- Prozessakte
- Rechtshängigkeit, Prozesshängigkeit
- Prozesshandlung
- Prozessleitung
- Prozessbedingungen, Prozessvoraussetzungen
- Prozess, Verfahren
- Verfahrensfehler, Gesetzesverletzung durch das Prozessverfahren
- Prozessfähigkeit
- Gerichtskosten
- Stenografie, Kurzschrift

・即決裁判手続	・Schnellverfahren (in Verkehrssachen)
・疎明	・Glaubhaftmachung
・疎明資料	・Prima-Facie-Beweismittel, Material zur Glaubhaftmachung
・損害賠償命令	・Verfügung von Schadenersatz

【た　行】

・第一審	・erste Instanz
・退院	・Entlassung (aus einer medizinischen Einrichtung)
・退去強制令書	・Anordnung zum Landesverweis
・大使	・Botschafter
・大使館	・Botschaft
・対質	・Gegenüberstellung zweier Zeugen, Auseinandersetzung mit anderen Zeugen
・大赦	・Generalamnestie
・対象行為	・zielgerichtete Handlung
・対象事件	・Gerichtsverfahren mit Schöffenbeteiligung
・対象者	・Zielperson
・代替収容	・ersatzweise Unterbringung (von Untersuchungshäftlingen)
・退廷しなさい	・verlassen Sie den Gerichtssaal
・退廷命令	・Ausweisung aus dem Gericht, Ausweisung aus dem Sitzungssaal
・逮捕	・Festnahme, Verhaftung
・大法廷	・großer Gerichtshof, großer Senat (des

	obersten Gerichtshofs)
・逮捕状	・Haftbefehl
・大麻	・Cannabis, Hanf
・大麻樹脂	・Haschisch, Hanfharz
・大麻草	・Hanffaser, Cannabis
・代理権	・Vertretungsbefugnis, Vertretungsmacht
・立会い	・Teilnahme an der Verhandlung, Teilnahme am Verfahren, Zuziehung
・弾劾証拠	・Beweis zum Bestreiten des Beweiswerts/Erschüttern der Glaubwürdigkeit eines Beweises
・嘆願書	・Bittschrift, die die Charaktereigenschaften des Angeklagten positiv darstellt
・単独犯	・Alleintäterschaft; Einzeltäter
・知的障害	・geistige Behinderung
・地方検察庁（地検）	・Staatsanwaltschaft beim Landgericht
・地方検察庁支部	・Zweigstelle der Staatsanwaltschaft beim Landgericht
・地方公共団体	・regionale Körperschaft des öffentlichen Rechts, regionale öffentlichrechtliche Gebietskörperschaft
・地方裁判所（地裁）	・Landgericht
・地方裁判所支部	・Zweigstelle des Landgerichts
・地方法務局	・Büro für juristische Angelegenheiten der Präfektur
・注意義務	・Sorgfaltspflicht

・中央更生保護審査会	・zentraler Ausschuss für Gefangenenfürsorge
・中止犯	・Täter, der von der mit Strafe bedrohten Handlung vor Vollendung der Straftat zurückgetreten ist
・中止未遂	・Rücktritt vom Versuch
・懲役	・Freiheitsstrafe mit Arbeitsverpflichtung
・長期3年以上	・Freiheitsstrafe von mindestens 3 Jahren
・調書	・Protokoll
・調書判決	・im Gerichtsprotokoll festgehaltenes Urteil
・直接証拠	・direkter Beweis
・陳述する	・aussagen
・追完する	・Konvaleszenz, Heilung von Fehlern (Verfahrens-, Fristen), Nachholung
・追起訴	・Nachtragsanklage, nachträgliche Anklageerhebung
・追徴	・Verfall
・追徴保全	・Wertersatz
・通院期間の延長	・Verlängerung der ambulanten Behandlung
・通常逮捕	・Verhaftung mit Haftbefehl
・通達	・Bescheid, Weisung
・通訳	・Dolmetscher
・付添い	・Begleitung
・付添人	・Begleiter
・つきまとい	・Stalking
・罪となるべき事実	・Tatbestand, der das Verbrechen

	konstituiert, Straftatbestandsmerkmale ausfüllenden Tatsachen
・罪を犯したことを疑うに足りる充分な理由	・ausreichender Verdacht einer Straftat
・罪を行い終わってから間がない	・unmittelbar nach begangener Tat
・連戻状	・Überstellungsschein
・連れ戻す	・zurückholen (eines geflüchteten Jugendlichen)
・DNA鑑定	・DNA-Probe
・提出命令	・Herausgabeanordnung
・廷吏	・Gerichtsbeamter
・撤回	・Zurücknahme, Zurückziehung, Widerruf
・電子計算機	・Computer
・電磁的記録	・elektromagnetische Aufzeichnung, Aufzeichnung auf elektromagnetischem Datenträger
・伝聞供述	・Aussage beruhend auf Hörensagen
・伝聞証拠	・Zeugnis/Beweis vom Hörensagen
・伝聞法則	・Regel des grundsätzlichen Ausschlusses aller Beweise vom Hörensagen
・電話聴取書	・Mitschrift einer Telefonabhöraktion
・同意	・Einverständnis, Einwilligung, Zustimmung
・道義的責任	・moralische Verantwortung
・統合失調症	・Schizophrenie
・同行状	・Begleitschein (für Jugendliche)
・同行する	・begleiten

・当事者	・Partei
・謄写する	・kopieren, abschreiben
・盗聴	・Abhörung
・答弁書	・schriftliche Klageerwiderung
・謄本	・Abschrift, Kopie
・特殊開錠用具	・spezielle Aufschließutensilien
・特定侵入行為	・Hausfriedensbruch
・特に信用すべき情況（特信情況）	・Abweichung vom Unmittelbarkeitsprinzip bei besonderer Glaubwürdigkeit, Umstände, die besondere Glaubwürdigkeit verleihen
・特別抗告	・Sonderbeschwerde
・特別弁護人	・Kammerrechtsbeistand
・土地管轄	・örtliche Zuständigkeit
・都道府県公安委員会	・Ausschuss für öffentliche Ordnung und Sicherheit der Präfektur
・取り消す	・anfechten
・取り下げる	・zurückziehen, zurücknehmen
・取り調べる	・untersuchen; verhören, vernehmen
・トルエン	・Toluol

【な　行】

・内閣府	・Kabinettsbüro
・捺印	・Siegelung
・二重の危険	・Verbot der doppelten Strafverfolgung eines Täters wegen derselben Straftat

- 日本司法支援センター（法テラス）
- 入院
- 入院継続の確認

- 入院によらない医療

- 入院を継続する
- 入国
- 入国管理局
- 入国管理局出張所
- 入国管理センター
- 入国者収容所
- 入国審査官
- 入国手続
- 任意性
- 任意捜査
- 任意提出書

- 任意的弁護事件
- 任意同行
- 脳挫傷

- Japan Legal Support Center
- stationäre Behandlung
- Prüfung der fortdauernden stationären Behandlung

- medizinische Behandlung ohne stationäre Behandlung

- fortdauernde stationäre Behandlung
- Einreise
- Einwanderungsbehörde
- Außenstelle der Einwanderungsbehörde
- Immigration Center
- Einwanderungshaftzentrum
- Einreisebeamter
- Einreiseverfahren
- Freiwilligkeit
- freiwillige Untersuchung/Ermittlung
- Erklärung zur freiwilligen Einreichung von Beweismitteln

- Fall ohne notwendige Verteidigung
- freiwilliges Mitkommen
- Hirnkontusion

【は　行】

- 売春
- 売春周旋
- 陪席裁判官

- Prostitution
- Zuhälterschaft
- beisitzender Richter

- 破棄移送 ・ Aufhebung und Verweisung
- 破棄差戻し ・ Aufhebung und Zurückweisung an die vorherige Instanz
- 破棄自判 ・ Aufhebung und Eigenbeurteilung
- 破棄する ・ aufheben
- 破棄判決 ・ aufgehobenes Urteil; Aufhebungsurteil
- 罰金 ・ Strafgeld, Geldstrafe
- ハッシシ（ハッシシュ） ・ Haschisch
- 罰条 ・ anzuwendende Rechtsvorschrift
- 犯意 ・ Vorsatz, kriminelle Absicht
- 判決 ・ Urteil
- 判決書 ・ Urteilsdokument, Urteilstext, schriftliches Urteil
- 判決に影響を及ぼすことが明らか ・ offensichtliche Beeinflussung des Urteils
- 判決の宣告 ・ Urteilsverkündung
- 判決理由 ・ Urteilsbegründung
- 犯行 ・ Straftat
- 犯罪 ・ Verbrechen
- 犯罪行為を組成した物（犯罪組成物件） ・ den Straftatbestand ausfüllender Gegenstand
- 犯罪事実 ・ Verbrechenstatsachen
- 犯罪収益 ・ durch Straftaten erwirtschaftete Einnahmen
- 判事 ・ Richter
- 判示する ・ eine Ansicht äußern, urteilen
- 判事補 ・ Assistenzrichter
- 反証 ・ Gegenbeweis

・犯情	・Umstände der Straftat
・反則金	・Bußgeld (für Verstöße gegen die StVO)
・反対尋問	・Kreuzverhör
・判例	・Präzedenzfall, ständige Rechtsprechung
・判例違反	・Abweichung von der ständigen Rechtsprechung
・判例変更	・Änderung der ständigen Rechtsprechung
・犯歴	・Strafregister
・被害者	・Geschädigter, Opfer
・被害者還付	・Rückgabe an Geschädigte/Opfer
・被害者参加人	・Prozessteilnahme von Geschädigten
・被害者参加弁護士	・Anwalt für Geschädigte, die an einem Prozess teilnehmen
・被害者特定事項	・identifizierende Angaben von Geschädigten
・被害届	・Schadensbericht
・被疑者	・Beschuldigter
・非供述証拠	・Beweismaterial, das nicht von einer Aussage herrührt
・非行	・kriminalitätsanfällig, vorwerfbare Handlung, Delinquenz
・被告事件	・Strafsachen
・被告人	・Angeklagter
・被告人の退廷	・Entfernen des Angeklagten
・被収容者	・inhaftierte Person
・非常上告	・außerordentliche Beschwerde
・左陪席裁判官	・beisitzender Richter zur Linken

・ピッキング用具	・Werkzeuge zum Aufbrechen von Schlössern
・筆跡	・Handschrift
・必要的弁護事件	・Pflichtverteidigungsfall
・必要的保釈	・notwendige Freilassung gegen Sicherheitsleistung
・ビデオリンク	・Video-Link
・秘匿決定	・Entscheidung zur Geheimhaltung der Identität des Geschädigten
・否認	・Anfechtung
・評議	・Beratung
・評決	・Entscheidung, Abstimmung
・被略取者	・entführte Person
・不意打ち	・Überraschungsangriff
・附加［付加］刑	・Nebenstrafe
・不可抗力	・höhere Gewalt
・不可罰的事後行為	・straflose Nachtat
・不起訴処分	・Einstellung des Ermittlungsverfahrens, staatsanwaltliche Einstellung des Verfahrens, Absehen von einer Anklageverfügung
・副検事	・stellvertretender Leiter der Staatsanwaltschaft im Landgericht
・不告不理の原則	・kein Gerichtsverfahren ohne Anklage, Anklageprinzip
・不作為犯	・Unterlassungsdelikt

・婦人補導院 ・ Besserungsanstalt für Frauen

・不選任の決定 ・ Entscheidung der Nichtauswahl

・物的証拠 ・ Augenscheinsobjekt, sachlicher Beweis

・不定期刑 ・ unbestimmte Freiheitstrafe

・不適格事由 ・ Gründe der Nichteignung

・不同意 ・ ohne Einverständnis, ohne Einwilligung

・不当逮捕 ・ unberechtigte Festnahme

・不能犯 ・ untauglicher Versuch

・不服申立て ・ Beschwerde

・部分判決 ・ Teilurteil

・不法在留 ・ unberechtigter Aufenthalt

・不法残留 ・ illegaler Aufenthalt

・不法入国 ・ illegale Einreise

・不法領得の意思 ・ animus furandi (Aneignungsabsicht und Enteignungsvorsatz bei einem Diebstahl)

・不利益な事実の承認 ・ Anerkennung von Tatsachenbehauptungen, die für eine Partei ungünstig sind, durch diese Partei (Geständnis)

・不利益変更の禁止 ・ Verbot der Schlechterstellung

・併科する ・ Kumulierung, gleichzeitig erkennen auf

・併合決定 ・ Verbindungsbeschluss

・併合罪 ・ Zusammentreffen mehrerer Verbrechen, Tatmehrheit, Realkonkurrenz

・併合する ・ zusammenlegen (Akte)

・別件逮捕 ・ Verhaftung wegen eines Bagatelldelikts mit dem Zweck, von dem Verhafteten ein

	Geständnis für ein schwereres Verbrechen zu erzielen
・別の合議体による裁判所	・Gericht mit anderer Kammer
・弁解録取書	・Aussage des Beschuldigten
・弁護士	・Anwalt
・弁護士会	・Anwaltsvereinigung
・弁護人	・Verteidiger
・弁護人依頼権	・Fall mit Beauftragung eines Verteidigers
・弁護人選任権	・Recht zur Wahl des Verteidigers, Recht zur Verteidigerbestellung
・変造	・abändern, fälschen
・弁論	・mündliche Verhandlung, Plädoyer
・弁論再開	・Wiedereintritt in die Verhandlung, Wiedereröffnung der Verhandlung
・弁論終結	・Abschließen der mündlichen Verhandlung
・弁論能力	・Verhandlungsfähigkeit
・弁論分離	・Trennung der mündlichen Verhandlung
・弁論併合	・Verfahrensverbindung, Verbindung der Verhandlung
・弁論要旨	・abschließendes Plädoyer der Verteidigung
・防衛の意思	・Absicht der Selbstverteidigung
・包括一罪	・Tateinheit
・謀議	・Verschwörung, Komplott
・防御権	・Notwehrrecht
・暴行	・körperliche Misshandlung/Gewalt
・傍受	・Überwachung

・幇助する	・Beihilfe leisten
・幇助犯	・Beihilfe
・法人	・juristische Person
・傍聴席	・Zuhörersitz, Zuschauersitz
・傍聴人	・Zuhörer, Zuschauer
・法廷	・Gerichtssaal
・法定刑	・gesetzliche Strafe
・法廷警察権	・sitzungspolizeiliche Gewalt
・法定代理人	・Rechtsvertreter, gesetzlicher Vertreter
・法定手続の保障	・Sicherung eines gesetzmäßigen Verfahrens
・冒頭陳述	・Eröffnungsvortrag, Eröffnungsaussage (des Staatsanwalts oder Beschuldigten)
・法の不知	・Unkenntnis des Gesetzes
・法の下の平等	・Gleichheit vor dem Gesetz
・方法の錯誤	・aberratio ictus, Fehlgehen der Tat
・法務局	・Büro für juristische Angelegenheiten
・法務省	・Justizministerium
・法律	・Recht, Gesetz
・法律上の減軽	・Reduzierung von Rechts wegen, gesetzliche Strafminderung
・法律の錯誤	・Verbotsirrtum, Rechtsirrtum
・法律の適用	・Anwendung von Recht und Gesetz
・法律審	・materiellrechtliche und verfahrensrechtliche Prüfung
・暴力団	・kriminelle Vereinigung
・法令	・Gesetz und Verordnung

- 法令適用の誤り
- falsche Anwendung von Gesetz und Verordnung
- 保護観察
- Beiordnung eines Bewährungshelfers, Bewährungshilfe
- 保護観察官
- Bewährungshelfer
- 保護観察所
- Büro für Bewährungshilfe
- 保護司
- freiwilliger Bewährungshelfer
- 保護者
- Erziehungsberechtigter
- 保護法益
- Rechtsgut
- 保護命令
- Schutzverordnung
- 保佐監督人
- Kontrolleur eines Kurators
- 補佐人
- Beistand (des Beschuldigten/Angeklagten)
- 保佐人
- Kontrolleur (eines Kurators)
- 保釈
- Freilassung gegen Sicherheitsleistung, Freilassung gegen Kaution
- 保釈取消し
- Zurücknahme der Freilassung
- 保釈保証金
- Sicherheitsleistung, Kaution
- 補充員
- Ersatzperson für den staatsanwaltlichen Untersuchungsausschuss
- 補充裁判員
- Ersatzschöffe
- 補充書
- Ergänzung, Nachtrag
- 補助監督人
- Kontrolleur eines Betreuers
- 補助人
- Betreuer
- 没取
- Einziehung/Konfiszierung von Gütern, die mit Verbrechen in Zusammenhang stehen
- 没収する
- einziehen, konfiszieren

・没収保全	・Einziehung
・ポリグラフ検査	・Lügendetektortest
・本籍	・standesamtliches Register, Familienregister

【ま　行】

・麻薬	・Narkotikum, Rauschgift
・麻薬常習者	・regelmäßiger Konsument von Rauschgift
・マリファナ	・Marihuana
・右陪席裁判官	・beisitzender Richter zur Rechten
・未決勾留	・Untersuchungshaft
・未遂	・Versuch
・未成年者	・Minderjähriger
・密売者	・illegaler Händler, Dealer
・密輸出	・heimliche Ausfuhr
・密輸入	・heimliche Einfuhr
・未必の故意	・bedingter Vorsatz, dolus eventualis
・身分犯	・Sonderdelikt, standesspezifisches Verbrechen
・無期懲役	・lebenslängliche Freiheitsstrafe
・無罪	・Unschuld, Freispruch
・無罪の推定	・Vermutung der Unschuld
・無銭飲食	・Zechprellerei
・無断退去者	・Person, die eine Heilanstalt für psychische Krankheiten unerlaubt verlässt
・無賃乗車	・Schwarzfahrerei
・無能力者	・Geschäftsunfähiger

・酩酊	・Trunkenheit
・命令	・Verordnung, Anordnung
・免訴	・Entlassung von der Anklage, nicht anklagen, Freisprechung
・毛髪鑑定	・Haarprobe
・黙秘権	・Schweigerecht, Aussageverweigerungsrecht

【や　行】

・薬物犯罪収益	・aus Drogenverbrechen erzielter Gewinn
・やむを得ずにした行為	・Tat, die durch Notwehr geboten ist, unvermeidbare Handlung
・誘引	・Veranlassung, Anreiz
・有期懲役	・befristete Freiheitsstrafe
・有罪	・schuldig
・宥恕	・Vergebung
・誘導尋問	・Fangfrage
・ゆすり	・Erpressung
・予見可能性	・Vorhersehbarkeit
・余罪	・zusätzliche Straftat (für die der Täter noch nicht verurteilt ist)
・予断排除	・Pflicht des Richters zu einem neutralen Urteil
・予備	・Vorbereitung (einer Straftat)
・呼出状	・Vorladungsschreiben
・呼び出す	・vorladen
・予備的訴因	・sekundäre Anklagegründe, subsidiäre

Klagepunkte

【ら 行】

・立証趣旨	・Beweiszweck
・立証する	・beweisen
・立証責任	・Beweispflicht, Beweislast
・略式手続	・vereinfachtes Strafverfahren
・略式命令	・Strafbefehl
・略取	・Entführung und Menschenraub
・留置施設	・polizeiliche Haftanstalt
・理由のくいちがい	・widersprüchliche Begründung, Widerspruch der Gründe
・理由の不備	・unzureichende Begründung
・理由を示さない不選任の請求	・Antrag der Nichtauswahl eines Schöffen ohne Angabe von Gründen
・量刑	・Strafzumessung
・量刑不当	・ungeeignete Strafzumessung
・領事	・Konsul
・領事館	・Konsulat
・領収書	・Beleg, Quittung
・領置	・vorläufige Beschlagnahme, Verwahrung, Einbehaltung
・領置調書	・Protokoll über Beschlagnahme
・両罰規定	・Klausel über konkurrierende Strafen, Vorschrift der doppelten Bestrafung sowohl der natürlichen Person als auch

	des Unternehmens wegen derselben Tat
・旅券（パスポート）	・Reisepass
・輪姦	・Gruppenvergewaltigung
・臨検	・Durchsuchung
・臨床尋問	・Vernehmung am Krankenbett
・類型証拠開示	・Bekanntmachung von Beweismittelarten
・類推解釈	・Interpretation aufgrund einer Analogie
・累犯	・Rückfall
・令状	・gerichtliche Berechtigungsbescheinigung, Befehlsschreiben
・連行する	・abführen
・労役場留置	・Unterbringung in einem Zwangsarbeitshaus (wegen Nichtbezahlen einer Geldstrafe)
・録音	・Tonaufzeichnung
・録取（する）	・aufzeichnen, (schriftlich) festhalten
・論告	・Plädoyer der Staatsanwaltschaft
・論告要旨	・abschließendes Plädoyer der Staatsanwaltschaft

【わ　行】

・わいせつ	・Sittenverstoß, Obszönität
・わいろ	・Schmiergeld, Bestechungsgeld
・和解	・Vergleich

第2章　法令名

【あ　行】

- あへん法
- Opiumgesetz

- 医師法
- Ärztegesetz

- 意匠法
- Geschmacksmustergesetz

- 医薬品，医療機器等の品質，有効性及び安全性の確保等に関する法律（医薬品医療機器等法，薬機法）
- Gesetz über die Gewährleistung von Qualität, Wirksamkeit und Sicherheit von Arzneimitteln, medizinischen Geräten

- 印紙等模造取締法
- Gesetz über die Kontrolle der Fälschung von amtlichen Siegeln

- 印紙犯罪処罰法
- Gesetz über die Bestrafung von Verbrechen im Zusammenhang mit amtlichen Siegeln

- インターネット異性紹介事業を利用して児童を誘引する行為の規制等に関する法律
- Gesetz über die Kontrolle von Handlungen zum Anlocken von Kindern unter Nutzung von Internet-Kontaktbörsen

- 恩赦法
- Amnestiegesetz

【か　行】

- 外国ニ於テ流通スル貨幣紙幣銀行券証券偽造変造及模造ニ関スル法律（外貨偽造法）
- Gesetz über die Fälschung, Abänderung und Nachbildung von gesetzlichen Zahlungsmitteln und Wertpapieren, die im Ausland zirkulieren

- 外国為替及び外国貿易法（外為法）
- Gesetz über Wechselkurse und Außenhandel

- 外国裁判所ノ嘱託ニ因ル共助法
- Gesetz über die Beihilfe bei Ersuchen

	eines ausländischen Gerichts
・外国人漁業の規制に関する法律	・Gesetz über die Regulierung der Fischerei von Ausländern
・外国人登録法	・Gesetz über die Registrierung von Ausländern
・海洋汚染等及び海上災害の防止に関する法律	・Gesetz über die Verhinderung der Verunreinigung des Meerwassers und von Unfällen auf See
・海上交通安全法	・Gesetz über die Seeverkehrssicherheit
・海上衝突予防法	・Gesetz zur Verhinderung von Schiffskollisionen
・火炎びんの使用等の処罰に関する法律	・Gesetz über die Bestrafung des Gebrauchs von Molotow-Cocktails
・覚醒剤取締法	・Betäubungsmittelgesetz
・貸金業法	・Gesetz über Geldverleihgeschäfte
・火薬類取締法（火取法）	・Schießpulvergesetz
・関税定率法	・Zollgebührengesetz
・関税法	・Zollgesetz
・漁業法	・Fischereigesetz
・漁船法	・Fischereischiffsgesetz
・銀行法	・Bankgesetz
・金融商品取引法	・Gesetz über den Handel mit Finanzprodukten
・警察官職務執行法（警職法）	・Gesetz über die polizeiliche Dienstausübung
・警察法	・Polizeigesetz

・刑事確定訴訟記録法	・Gesetz über die Aktenkontrolle der rechtskünftig gewordenen Straffälle
・刑事収容施設及び被収容者等の処遇に関する法律	・Gesetz über Haftanstalten und die Behandlung von Inhaftierten
・刑事訴訟規則（刑訴規則）	・Verordnung über den Ablauf des Strafverfahrens
・刑事訴訟費用等に関する法律	・Strafprozesskostengesetz
・刑事訴訟法（刑訴法）	・Strafprozessordnung
・刑事補償法	・Gesetz über die Entschädigung für Strafverfolgungsmaßnahmen
・競馬法	・Gesetz über Pferderennen
・軽犯罪法	・Gesetz über die Bestrafung von Bagatellstraftaten
・刑法	・Strafgesetz
・検察審査会法	・Gesetz über die Kommission zur Aufsicht der staatsanwaltlichen Tätigkeit
・検察庁法	・Staatsanwaltschaftsgesetz
・航空機の強取等の処罰に関する法律	・Gesetz über die Bestrafung von Flugzeugentführungen
・航空の危険を生じさせる行為等の処罰に関する法律	・Gesetz über die Bestrafung von Handlungen, die den Flugverkehr gefährden
・更生保護事業法	・Gesetz über Rehabilitationsdienste für entlassene Strafgefangene
・更生保護法	・Gesetz über die Rehabilitation entlassener Strafgefangener

・国際受刑者移送法 ・Gesetz über die internationale Überstellung verurteilter Gefängnisinsassen

・国際人権規約 ・Internationales Menschenrechtsabkommen

・国際捜査共助等に関する法律 ・Gesetz über Beihilfe bei internationalen Ermittlungen

・国際的な協力の下に規制薬物に係る不正行為を助長する行為等の防止を図るための麻薬及び向精神薬取締法等の特例等に関する法律（麻薬特例法） ・Gesetz über Sonderbestimmungen für das Gesetz zur Kontrolle von Rauschgift und bewusstseinsverändernden Drogen zur Verhinderung von Aktivitäten, die rechtswidriges Verhalten im Zusammenhang mit kontrollierten Rauschmitteln in internationaler Zusammenarbeit fördern

・国籍法 ・Staatsangehörigkeitsgesetz

・戸籍法 ・Familienstandsregistergesetz

【さ　行】

・裁判員の参加する刑事裁判に関する法律 ・Gesetz über die Beteiligung von Schöffen an Strafprozessen

・裁判員の参加する刑事裁判に関する規則 ・Verordnung über die Beteiligung von Schöffen an Strafprozessen

・裁判所法 ・Gerichtsverfassungsgesetz

・酒に酔って公衆に迷惑をかける行為の防止等に関する法律 ・Gesetz über die Verhinderung von Aktivitäten der öffentlichen Störung aufgrund von Trunkenheit

・自転車競技法	・Gesetz über Radrennen
・自動車損害賠償保障法	・Kraftfahrzeughaftpflichtgesetz
・自動車の保管場所の確保等に関する法律	・Gesetz über den Abstellungsort und die Sicherung von Kraftfahrzeugen
・自動車の運転により人を死傷させる行為等の処罰に関する法律	・Gesetz über die Bestrafung von Handlungen mit Todesfolge aufgrund des Führens eines Kraftfahrzeugs
・児童福祉法	・Gesetz über das Kindeswohl
・児童買春，児童ポルノに係る行為等の処罰及び児童の保護等に関する法律	・Gesetz über die Bestrafung von Aktivitäten im Zusammenhang mit Kinderprostitution und Kinderpornografie und über den Schutz von Kindern
・銃砲刀剣類所持等取締法（銃刀法）	・Gesetz zur Kontrolle des Waffenbesitzes
・出資の受入れ，預り金及び金利等の取締りに関する法律	・Gesetz über die Regulierung von Vermögensverwahrung, Depositengeld und Zinsen
・出入国管理及び難民認定法	・Gesetz zur Kontrolle von Immigration und zur Anerkennung des Flüchtlingsstatus
・少年法	・Jugendschutzgesetz
・商標法	・Markengesetz
・商法	・Handelsgesetz
・職業安定法	・Gesetz über die Beschäftigungssicherung
・所得税法	・Einkommensteuergesetz
・心神喪失等の状態で重大な他害行為を行った者の医療及び観察等に関する法律（心神喪失者等医療観察法）	・Gesetz über die medizinische Behandlung und Überwachung von Personen, die in einem Zustand der

	Unzurechnungsfähigkeit schwere
	Körperverletzung begangen haben
・人身保護法	・Personenschutzgesetz
・森林法	・Forstgesetz
・ストーカー行為等の規制等に関する法律	・Gesetz über die Kontrolle von Stalking-Handlungen
・精神保健及び精神障害者福祉に関する法律（精神保健法）	・Gesetz über psychische Krankheiten und die Wohlfahrt geistig behinderter Personen
・船員法	・Schiffsbesatzungsgesetz
・船舶安全法	・Schiffssicherheitsgesetz
・船舶職員及び小型船舶操縦者法	・Gesetz über auf Schiffen Beschäftigte und Führer kleiner Wasserfahrzeuge
・船舶法	・Schiffsgesetz
・組織的な犯罪の処罰及び犯罪収益の規制等に関する法律	・Gesetz über die Bestrafung von organisiertem Verbrechen und die Kontrolle von durch Straftaten erwirtschaftete Einnahmen

【た　行】

・大麻取締法	・Gesetz zur Kontrolle von Cannabis
・著作権法	・Urheberrechtsgesetz
・通貨及証券模造取締法	・Gesetz über die Kontrolle der Fälschung von Währungen und Wertpapieren
・鉄道営業法	・Eisenbahnbetriebsgesetz
・電気通信事業法	・Gesetz zur Regelung von

	Telekommunikationsunternehmen
・電波法	・Rundfunkgesetz
・盗犯等ノ防止及処分ニ関スル法律	・Gesetz über die Verhinderung und Ahndung von Einbruch, Raub Diebstahl
・逃亡犯罪人引渡法	・Gesetz über die Auslieferung von flüchtigen Straftätern
・道路運送車両法	・Gesetz über Straßentransportfahrzeuge
・道路交通法（道交法）	・Straßenverkehrsordnung
・特殊開錠用具の所持の禁止等に関する法律	・Gesetz über das Verbot des Besitzes von speziellen Aufschließutensilien
・特定商取引に関する法律	・Gesetz über den Handel mit ausgewiesenen Waren
・毒物及び劇物取締法（毒劇法）	・Gesetz über die Kontrolle von Giften und giftigen Substanzen
・都道府県条例	・Präfekturverordnungen

【な　行】

・成田国際空港の安全確保に関する緊急措置法	・Gesetz über Notfallmaßnahmen zur Sicherung des internationalen Flughafens Narita
・日本国憲法（憲法）	・Japanische Verfassung
・日本国とアメリカ合衆国との間の相互協力及び安全保障条約第6条に基づく施設及び区域並びに日本国における合衆国軍隊の地位に関する協定の実施に伴う刑事特別法（刑特法）	・Sonderstrafgesetz bezüglich der Umsetzung des Abkommens in Bezug auf Einrichtungen und Zonen sowie Standorte der US-Armee in Japan auf Grundlage von Art. 6 des Sicherheitspakts zwischen

Japan und den Vereinigten Staaten von
Amerika

【は　行】

・廃棄物その他の物の投棄による海洋汚
染の防止に関する条約
・Abkommen gegen die Verschmutzung der
Meere durch die Entsorgung von Abfällen
und anderen Materialien

・廃棄物の処理及び清掃に関する法律（廃
棄物処理法）
・Gesetz über die Entsorgung und
Beseitigung von Abfällen

・配偶者からの暴力の防止及び被害者の
保護に関する法律
・Gesetz gegen Gewalt gegen Ehepartner
und den Schutz von Opfern

・売春防止法
・Antiprostitutionsgesetz

・破壊活動防止法（破防法）
・Gesetz gegen subversive Aktivitäten

・爆発物取締罰則
・Verordnung über die Kontrolle von
Sprengstoffen

・罰金等臨時措置法
・Provisorisches Gesetz zur Regelung von
Geldstrafen

・犯罪収益に係る保全手続等に関する規
則
・Bestimmungen über die Einziehung von
durch Straftaten erwirtschafteten
Einnahmen

・犯罪捜査のための通信傍受に関する法
律
・Gesetz über Abhörungen zur Untersuchung
von Straftaten

・犯罪被害財産等による被害回復給付金
の支給に関する法律
・Gesetz über Wiedergutmachungszahlungen
aus rechtswidrig erlangtem Vermögen

・犯罪被害者等の権利利益の保護を図る
ための刑事手続に付随する措置に関す
・Gesetz über Maßnahmen im Zuge von
Strafverfahren zur Wahrung der Rechte

る法律（犯罪被害者等保護法）　und Interessen von Geschädigten

・被疑者補償規程　・Regelung über die Entschädigung von Beschuldigten

・人の健康に係る公害犯罪の処罰に関する法律（公害罪法）　・Gesetz über die Bestrafung von Umweltschäden mit Auswirkungen auf die menschliche Gesundheit

・風俗営業等の規制及び業務の適正化等に関する法律（風営法）　・Gesetz zur Kontrolle von Vergnügungsgeschäften

・武器等製造法　・Gesetz über die Herstellung von Waffen

・不正競争防止法　・Gesetz gegen den unlauteren Wettbewerb

・法廷等の秩序維持に関する法律　・Gesetz zur Aufrechterhaltung der Ordnung beim Gericht

・暴力行為等処罰ニ関スル法律　・Gesetz über die Bestrafung von Gewalttakten

【ま　行】

・麻薬及び向精神薬取締法（麻取法）　・Gesetz zur Kontrolle von Rauschgift und bewusstseinsverändernden Drogen

・民事訴訟法　・Zivilprozessordnung

・民法　・Zivilrecht, Zivilgesetzbuch

・モーターボート競走法　・Gesetz über Motorbootrennen

【や　行】

・薬物犯罪等に係る保全手続等に関する規則　・Bestimmungen über die Einziehung von durch Rauschgiftverbrechen erwirtschafteten Einnahmen

・有線電気通信法　・Gesetz über die kabelgebundene

	Telekommunikation
・郵便切手類模造等取締法	・Gesetz über die Kontrolle der Fälschung von Postwertzeichen
・郵便法	・Postgesetz

【ら　行】

・領海及び接続水域に関する法律	・Gesetz über Hoheitsgewässer und anschließende Wassergebiete
・領事関係に関するウィーン条約	・Wiener Übereinkommen über konsularische Beziehungen
・旅券法	・Reisepassgesetz
・労働基準法	・Gesetz über Arbeitsnormen, Arbeitsschutzgesetz

第3章　罪名

【あ　行】

- あへん煙吸食器具輸入（製造，販売，所持）罪
  - Einfuhr (Herstellung, Verkauf, Besitz) von Geräten für das Rauchen von Opium
- あへん煙吸食罪
  - Rauchen von Opium
- あへん煙吸食場所提供罪
  - Bereitstellung einer Lokalität für das Rauchen von Opium
- あへん煙等所持罪
  - Besitz von Opium zum Rauchen
- あへん煙輸入（製造，販売，所持）罪
  - Einfuhr (Herstellung, Verkauf, Besitz) von Opium zum Rauchen
- あへん法違反（所持，譲渡，譲受，使用，輸入）
  - Verstoß gegen das Opiumgesetz (Besitz, Verbreitung, Entgegennahme, Nutzung, Einfuhr)
- 遺棄罪
  - Aussetzung
- 遺棄等致死罪
  - Aussetzung mit Todesfolge
- 遺棄等致傷罪
  - Körperverletzung durch Aussetzung
- 遺失物等横領罪
  - Unterschlagung von Fundgegenständen
- 威力業務妨害罪
  - gewaltsame Verhinderung der Geschäftsdurchführung
- 営利目的等被略取者収受罪
  - Unterbringung einer entführten Person mit Gewinnerzielungsabsicht
- 営利目的等略取（誘拐）罪
  - Entführung
- 延焼罪
  - Förderung der Ausbreitung von Feuer
- 往来危険罪
  - Verkehrsgefährdung
- 往来危険による艦船転覆（沈没，破壊）
  - Verkehrsgefährdung durch Führen

罪	(Versenken, Zerstören) eines Schiffes
・往来危険による汽車転覆（破壊）罪	・Verkehrsgefährdung durch Führen (Zerstören) eines Eisenbahnzugs
・往来妨害罪	・Verkehrsbehinderung
・往来妨害致死罪	・Verkehrsbehinderung mit Todesfolge
・往来妨害致傷罪	・Körperverletzung durch Verkehrsbehinderung
・横領罪	・Veruntreuung, Unterschlagung

【か　行】

・外国国章損壊（除去，汚損）罪	・Beschädigung (Entfernung, Besudelung) ausländischer Staatsflaggen
・外国人登録法違反（登録不申請）	・Verletzung des Gesetzes über die Registrierung von Ausländern (unterlassene Beantragung der Registrierung)
・外国通貨偽造罪	・Fälschung ausländischer Währungen
・覚醒剤取締法違反（所持，譲渡，譲受，使用，輸入）	・Verstoß gegen das Rauschmittelgesetz (Besitz, Verbreitung, Entgegennahme, Nutzung, Einfuhr)
・過失運転致死罪	・fahrlässiges Fahren mit Todesfolge
・過失運転致傷罪	・Körperverletzung durch fahrlässiges Fahren
・過失往来危険罪	・Verkehrsgefährdung durch Fahrlässigkeit
・過失激発物破裂罪	・Detonation von Sprengstoffen durch Fahrlässigkeit

- 過失建造物等浸害罪
- 過失傷害罪
- 過失致死罪
- 加重逃走罪
- 加重封印等破棄罪
- ガス漏出罪
- ガス漏出等致死罪

- ガス漏出等致傷罪

- 監禁罪
- 監禁致死罪
- 監禁致傷罪

- 監護者性交等罪
- 監護者わいせつ罪
- 艦船往来危険罪
- 偽計業務妨害罪

- 危険運転致死罪
- 危険運転致傷罪

- 汽車転覆罪
- 汽車転覆等致死罪

- Hochwasserschädigung von Gebäuden durch Fahrlässigkeit
- fahrlässige Körperverletzung
- Fahrlässigkeit mit Todesfolge
- erschwerende Flucht
- erschwerende Zerstörung eines Siegels
- Verursachung eines Gasaustritts
- Verursachung eines Gasaustritts mit Todesfolge
- Körperverletzung durch Verursachung eines Gasaustritts
- Freiheitsberaubung
- Freiheitsberaubung mit Todesfolge
- Körperverletzung durch Freiheitsberaubung
- Geschlechtsverkehr mit Schutzbefohlenen
- Sittenverstoß gegenüber Schutzbefohlenen
- Gefährdung des Schiffsverkehrs
- Verhinderung der Geschäftsdurchführung durch Täuschung
- gefährliches Fahren mit Todesfolge
- Körperverletzung durch gefährliches Fahren
- Umstürzen eines Eisenbahnzugs
- Umstürzen eines Eisenbahnzugs mit Todesfolge

- 偽証罪
- 偽造外国通貨行使罪

- 偽造公文書行使罪

- 偽造私文書行使罪

- 偽造通貨行使罪
- 偽造通貨等収得罪
- 偽造有価証券行使罪

- 器物損壊罪
- 境界損壊罪
- 恐喝罪
- 凶器準備集合（結集）罪
- 強制執行関係売却妨害罪
- 強制執行行為妨害罪

- 強制執行妨害罪
- 強制執行妨害目的財産現状改変罪

- 強制執行妨害目的財産損壊（隠匿）罪

- 強制執行妨害目的財産無償譲渡罪

- Meineid
- Inverkehrbringen gefälschter
  Auslandswährung
- Inverkehrbringen einer gefälschten
  Urkunde
- Inverkehrbringen eines gefälschten
  Privatdokuments
- Inverkehrbringen von Falschgeld
- Erwerb von Falschgeld
- Inverkehrbringen von gefälschten
  Wertpapieren
- Sachbeschädigung
- Grenzverletzung
- Bedrohung, Erpressung
- rechtswidrige bewaffnete Versammlung
- Behinderung einer Zwangsveräußerung
- Behinderung einer Handlung im Rahmen
  einer Zwangsvollstreckung
- Behinderung einer Zwangsvollstreckung
- Änderung der Vermögenssituation mit der
  Absicht der Behinderung einer
  Zwangsvollstreckung
- Zerstörung (Verschleierung) von
  Vermögen mit der Absicht der
  Behinderung einer Zwangsvollstreckung
- unentgeltliche Abtretung von Vermögen

	mit der Absicht der Behinderung einer Zwangsvollstreckung
・強制執行申立妨害目的暴行（脅迫）罪	・Gewalttat (Bedrohung) mit der Absicht der Behinderung eines Antrags auf Zwangsvollstreckung
・強制性交等罪	・erzwungener Geschlechtsverkehr
・強制性交等致死罪	・erzwungener Geschlechtsverkehr mit Todesfolge
・強制性交等致傷罪	・Körperverletzung durch erzwungenen Geschlechtsverkehr
・強制わいせつ罪	・sexuelle Nötigung
・強制わいせつ致死罪	・sexuelle Nötigung mit Todesfolge
・強制わいせつ致傷罪	・Körperverletzung durch sexuelle Nötigung
・脅迫罪	・Bedrohung
・業務上横領罪	・Veruntreuung bei Geschäftshandlungen
・業務上過失往来危険罪	・Verkehrsgefährdung durch berufliche Sorgfaltspflichtverletzung
・業務上過失激発物破裂罪	・Detonation von Sprengstoffen durch berufliche Sorgfaltspflichtverletzung
・業務上過失致死罪	・Tötung durch berufliche Sorgfaltspflichtverletzung
・業務上過失致傷罪	・Körperverletzung durch berufliche Sorgfaltspflichtverletzung
・業務上失火罪	・Auslösung eines Brandes durch berufliche Sorgfaltspflichtverletzung
・強要罪	・Nötigung

罪名【か行】

・虚偽鑑定罪	・falsche Begutachtung
・虚偽告訴罪	・falsche Anschuldigung
・虚偽診断書作成罪	・falsche Ausstellung eines ärztlichen Attests
・激発物破裂罪	・Detonation von Sprengstoffen
・現住建造物等放火罪	・Brandstiftung an einem bewohnten Gebäude
・建造物侵入罪	・Eindringen in ein Gebäude
・建造物損壊罪	・Gebäudebeschädigung
・建造物損壊致死罪	・Gebäudebeschädigung mit Todesfolge
・建造物損壊致傷罪	・Körperverletzung durch Gebäudebeschädigung
・建造物等以外放火罪	・Brandstiftung an Objekten, die keine Bauwerke sind
・公印偽造罪	・Fälschung eines offiziellen Siegels
・公印不正使用罪	・unberechtigte Verwendung eines offiziellen Siegels
・強姦罪	・Vergewaltigung
・強姦致死罪	・Vergewaltigung mit Todesfolge
・強姦致傷罪	・Vergewaltigung mit Körperverletzung
・公記号偽造罪	・Fälschung offizieller Kennzeichnungen
・公記号不正使用罪	・unberechtigte Verwendung offizieller Kennzeichnungen
・公契約関係競売等妨害罪	・Behinderung von öffentlichen Auktionen
・公正証書原本等不実記載罪	・Eintragung von falschen Angaben in ein amtlich beglaubigtes Dokument

・公然わいせつ罪	・öffentlicher Sittenverstoß
・強盗強制性交等罪	・Raub mit erzwungenem Geschlechtsverkehr
・強盗強制性交等致死罪	・Raub mit erzwungenem Geschlechtsverkehr mit Todesfolge
・強盗強姦罪	・Raub mit Vergewaltigung
・強盗強姦致死罪	・Raub mit Vergewaltigung mit Todesfolge
・強盗罪	・Raub
・強盗致死罪	・Raub mit Todesfolge
・強盗致傷罪	・Raub mit Körperverletzung
・強盗予備罪	・Vorbereitung von Raubhandlungen
・公務員職権濫用罪	・Missbrauch eines öffentlichen Amts
・公務執行妨害罪	・Störung der Durchführung von Amtshandlungen
・公用文書毀棄罪	・mutwillige Beschädigung von öffentlichen Dokumenten
・昏睡強盗罪	・Raub durch Herbeiführen von Bewusstlosigkeit

【さ 行】

・裁判員の参加する刑事裁判に関する法律違反	・Verstoß gegen das Gesetz über die Beteiligung von Schöffen an Strafprozessen
（裁判員等に対する請託（情報提供）罪）	（Vorbringen eines Anliegens gegenüber einem Schöffen, Bereitstellung von Informationen an einen Schöffen）

罪名【さ行】

（裁判員等に対する威迫罪）	(Bedrohung eines Schöffen)
（裁判員等による秘密漏示罪）	(Verletzung der Schweigepflicht durch einen Schöffen)
（裁判員の氏名等漏示罪）	(Offenlegung des Namens eines Schöffen)
（裁判員候補者による虚偽記載（陳述）罪）	(falsche Angaben (Aussagen) durch einen Kandidaten für das Schöffenamt)
・詐欺罪	・Betrug
・殺人罪	・Mord
・殺人予備罪	・Vorbereitung eines Mordes
・私印偽造罪	・Fälschung eines privaten Siegels
・私印不正使用罪	・unberechtigte Verwendung eines privaten Siegels
・事後強盗罪	・Raub nach vollendeter Tat
・自殺関与罪	・Beihilfe zum Suizid
・死体遺棄罪	・Aussetzung einer Leiche
・死体損壊罪	・Leichenschändung
・失火罪	・fahrlässige Auslösung eines Brandes
・支払用カード電磁的記録不正作出罪	・unberechtigte Ausstellung einer elektronischen Zahlungskarte
・重過失致死罪	・Tötung durch schwere Fahrlässigkeit
・重過失致傷罪	・Körperverletzung durch schwere Fahrlässigkeit
・住居侵入罪	・Hausfriedensbruch
・収得後知情行使（交付）罪	・wissentliches Inverkehrbringen nach dem

	Erhalt
・銃砲刀剣類所持等取締法違反	・Verstoß gegen das Gesetz zur Kontrolle des Waffenbesitzes
（けん銃実包譲渡）	（Übergabe von Handfeuerwaffenmunition）
（けん銃実包所持）	（Besitz von Handfeuerwaffenmunition）
（けん銃実包として輸入）	（Einfuhr eines Objekts als Handfeuerwaffenmunition）
（けん銃実包輸入）	（Einfuhr von Handfeuerwaffenmunition）
（けん銃等加重所持）	（erschwerender Besitz einer Handfeuerwaffe）
（けん銃等譲渡）	（Übergabe einer Handfeuerwaffe）
（けん銃等所持）	（Besitz einer Handfeuerwaffe）
（けん銃等として輸入）	（Einfuhr eines Objekts als Handfeuerwaffe）
（けん銃等発射）	（Abfeuern einer Handfeuerwaffe）
（けん銃等輸入）	（Einfuhr einer Handfeuerwaffe）
（けん銃部品として輸入）	（Einfuhr eines Objekts als Bauteil einer Handfeuerwaffe）
・出入国管理及び難民認定法違反	・Verstoß gegen das Gesetz zur Kontrolle von Immigration und zur Anerkennung des Flüchtlingsstatus
（営利目的等不法入国等援助）	（Beihilfe zur unberechtigten Einreise mit der Absicht der Gewinnerzielung）
（寄港地上陸許可等の期間の経過）	（Überschreitung der Aufenthaltsfrist im Transit）

（収受等の予備）　（Vorbereitung des Empfangs）

（集団密航者の収受等）　（Empfang einer Gruppen blinder Passagiere）

（集団密航者を本邦に入らせ，又は上陸させる罪）　（Einschmuggeln oder Landenlassen von Gruppen blinder Passagiere）

（集団密航者を本邦に向けて輸送し，又は本邦内において上陸の場所に向けて輸送する罪）　（Befördern von Gruppen blinder Passagiere nach Japan oder Befördern von Gruppen blinder Passagiere auf japanischem Staatsgebiet zu einem Landeplatz）

（船舶等の準備及び提供）　（Vorbereitung und Bereitstellung eines Schiffs）

（不法在留）　（Unberechtigter Aufenthalt）

（不法残留）　（illegaler Aufenthalt）

（不法就労助長）　（Beihilfe zur illegalen Beschäftigung）

（不法上陸）　（unberechtigte Landung）

（不法入国）　（illegale Einreise）

（不法入国者等蔵匿隠避）　（Verbergen von illegal Eingereisten）

（旅券不携帯）　（Nichtmitführung eines Reisepasses）

- 準強制性交等罪　· Quasi-erzwungener Geschlechtsverkehr
- 準強制わいせつ罪　· Quasi-sexuelle Nötigung
- 準強姦罪　· Quasi-Vergewaltigung
- 準詐欺罪　· Quasi-Betrug
- 傷害罪　· Körperverletzung
- 傷害致死罪　· Körperverletzung mit Todesfolge
- 消火妨害罪　· Behinderung der Brandbekämpfung

- 証拠隠滅罪
- 常習賭博罪
- 常習累犯窃盗罪
- 承諾殺人罪
- 証人等威迫罪
- 私用文書毀棄罪
- 嘱託殺人罪
- 職務強要罪
- 所在国外移送目的略取罪
- 信書隠匿罪
- 信書開封罪
- 人身売買罪
- 信用毀損罪
- 窃盗罪
- 騒乱罪
- 贈賄罪

- Unterschlagung von Beweisen
- gewohnheitsmäßige Teilnahme an illegalem Glückspiel
- Rückfall als Mehrfachtäter eines Diebstahls
- einvernehmliche Tötung
- Einschüchterung von Zeugen
- mutwillige Beschädigung von privaten Dokumenten
- Beauftragung eines Mordes
- Nötigung zur Vornahme einer dienstlichen Verrichtung
- Entführung mit dem Ziel der Verbringung aus dem Aufenthaltsland
- Unterschlagung von Korrespondenz
- unberechtigtes Öffnen von Korrespondenz
- Menschenhandel
- Rufmord
- Diebstahl
- Störung der öffentlichen Ordnung
- aktive Bestechung

【た　行】

- 逮捕罪
- 逮捕致死罪

- rechtswidrige Verhaftung/Festnahme
- rechtswidrige Verhaftung/Festnahme mit Todesfolge

罪名【た行】

- 逮捕致傷罪 — · Körperverletzung durch rechtswidrige Verhaftung/Festnahme
- 大麻取締法違反（所持，譲渡，譲受，使用，輸入） — · Verstoß gegen das Gesetz zur Kontrolle von Cannabis (Besitz, Verbreitung, Entgegennahme, Nutzung, Einfuhr)
- 多衆不解散罪 — · Weigerung der Zerstreuung einer Versammlung
- 談合罪 — · geheime Absprache
- 通貨偽造罪 — · Fälschung von Banknoten oder Münzen
- 通貨偽造等準備罪 — · Vorbereitung der Geldfälschung
- 電子計算機使用詐欺罪 — · Betrug mittels Computer
- 電子計算機損壊等業務妨害罪 — · Verhinderung der Geschäftsdurchführung durch Zerstörung von Computern
- 電磁的記録不正作出罪 — · rechtswidrige Ausstellung eines elektronischen Datenträgers
- 電磁的公正証書原本不実記録罪 — · falscher Eintrag in das elektromagnetisch gespeicherte Original einer notariellen Urkunde
- 逃走援助罪 — · Fluchthilfe
- 逃走罪 — · Flucht
- 盗品運搬（保管，有償譲受け，有償処分あっせん）罪 — · Transport von Diebesgut (Aufbewahrung, Erwerb, Vermittlung)
- 盗品無償譲受け罪 — · unvergütete Annahme von Diebesgut
- 動物傷害罪 — · Tötung oder Verletzung eines Tieres
- 特別公務員職権濫用罪 — · besonderer Missbrauch eines öffentlichen Amts

・特別公務員職権濫用等致死罪 ・besonderer Missbrauch eines öffentlichen Amts mit Todesfolge

・特別公務員職権濫用等致傷罪 ・Körperverletzung durch besonderen Missbrauch eines öffentlichen Amts

・特別公務員暴行陵虐罪 ・körperliche Misshandlung und Demütigung durch besondere Beamte im öffentlichen Dienst

・賭博罪 ・illegales Glücksspiel

・賭博場開帳等図利罪 ・Eröffnung einer illegalen Spielbank

・富くじ発売罪 ・unberechtigter Verkauf von Lotteriescheinen

【は　行】

・売春防止法違反（勧誘，客待ち） ・Verstoß gegen das Antiprostitutionsgesetz (Kontaktanbahnung, Warten auf Freier)

・背任罪 ・Untreue

・犯人隠避罪 ・Beherbergung eines Verbrechers

・犯人蔵匿罪 ・Verbergen eines Verbrechers

・非現住建造物等放火罪 ・Brandstiftung an einem nicht bewohnten Gebäude

・被拘禁者奪取罪 ・Gefangenenbefreiung

・秘密漏示罪 ・Geheimnisbruch

・被略取者引渡し（収受，輸送，蔵匿，隠避）罪 ・Übergabe einer entführten Person (Empfang, Transport, Beherbergung)

・封印等破棄罪 ・Zerstörung eines Siegels

・不実記録電磁的公正証書原本供用罪 ・Angebot zur Nutzung eines

	elektromagnetisch gespeicherten Originals einer notariellen Urkunde mit falschen Einträgen
・侮辱罪	・Beleidigung
・不正作出電磁的記録供用罪	・Angebot zur Nutzung eines rechtswidrig ausgestellten elektromagnetischen Datenträgers
・不正指令電磁的記録供用罪	・Angebot zur Nutzung eines elektromagnetischen Datenträgers mit rechtswidrigen Befehlen
・不正指令電磁的記録作成（提供）罪	・Anfertigung (Bereitstellung) eines elektromagnetischen Datenträgers mit rechtswidrigen Befehlen
・不正指令電磁的記録取得（保管）罪	・Aneignung (Aufbewahrung) eines elektromagnetischen Datenträgers mit rechtswidrigen Befehlen
・不正電磁的記録カード所持罪	・Besitz einer Karte mit gesetzwidrig erstellten elektromagnetischen Aufzeichnungen
・不退去罪	・Weigerung, einer Ausweisung Folge zu leisten
・不動産侵奪罪	・Besetzen einer Immobilie
・放火予備罪	・Vorbereitung zur Brandstiftung
・暴行罪	・körperliche Misshandlung
・保護責任者遺棄罪	・Aussetzung eines Schutzbefohlenen
・保護責任者遺棄致死罪	・Aussetzung eines Schutzbefohlenen mit

Todesfolge
・保護責任者遺棄致傷罪 ・Körperverletzung durch Aussetzung eines Schutzbefohlenen

【ま　行】

・未成年者略取（誘拐）罪 ・Entführung eines Minderjährigen
・身の代金目的被略取者収受罪 ・Empfang eines Entführten zum Zweck der Erpressung eines Lösegelds
・身の代金目的略取罪 ・Entführung zum Zweck der Erpressung eines Lösegelds
・身の代金目的略取等予備罪 ・Vorbereitung einer Entführung zum Zweck der Erpressung eines Lösegelds
・身の代金要求罪 ・Forderung eines Lösegelds
・無印公文書偽造罪 ・Fälschung einer amtlichen Urkunde ohne Siegel
・無印私文書偽造罪 ・Fälschung eines privaten Dokuments ohne Siegel
・名誉毀損罪 ・Rufschädigung, Ehrverletzung

【や　行】

・有印公文書偽造罪 ・Fälschung einer amtlichen Urkunde mit Siegel
・有印私文書偽造罪 ・Fälschung eines privaten Dokuments mit Siegel
・有価証券偽造罪 ・Fälschung von Wertpapieren

【わ　行】

・わいせつ物陳列（頒布，有償頒布目的 ・Ausstellung unsittlicher Objekte

所持）罪 （Verbreitung, Besitz mit dem Ziel der vergüteten Verbreitung)

・わいせつ電磁的記録記録媒体陳列（頒布，有償頒布目的所持）罪 ・Ausstellung unsittlicher elektronischer Datenträger (Verbreitung, Besitz mit dem Ziel der vergüteten Verbreitung)

・わいせつ電磁的記録等送信頒布罪 ・verbreitende Übermittlung unsittlicher elektronischer Aufzeichnungen

・わいせつ電磁的記録有償頒布目的保管罪 ・Aufbewahrung unsittlicher elektronischer Aufzeichnungen mit dem Ziel der vergüteten Verbreitung

資料

証拠等関係カードの略語表（19ページ参照）

1，2…	第1回公判，第2回公判…〔「期日」欄のみ〕	捜　押	捜索差押調書
前1，前2…	第1回公判前整理手続，第2回公判前整理手続…	記　押	記録命令付差押調書
間1，間2…	第1回期日間整理手続，第2回期日間整理手続…	任	任意提出書
※1，※2…	証拠等関係カード（続）「※」欄の番号1，2…の記載に続く	領	領置調書
決　定	証拠調べをする旨の決定	仮　還	仮還付請書
済	取調べ済み	還	還付請書
裁	裁判官に対する供述調書	害	被害届，被害てん末書，被害始末書，被害上申書
検	検察官に対する供述調書	追　害	追加被害届，追加被害てん末書，追加被害始末書，追加被害上申書
検　取	検察官事務取扱検察事務官に対する供述調書	答	答申書
事	検察事務官に対する供述調書	質	質取てん末書，質取始末書，質受始末書，質取上申書，質受上申書
員	司法警察員に対する供述調書	買	買受始末書，買受上申書
巡	司法巡査に対する供述調書	始　末	始末書
麻	麻薬取締官に対する供述調書	害　確	被害品確認書，被害確認書
大	大蔵事務官に対する質問てん末書	放　棄	所有権放棄書，電磁的記録に係る権利放棄書
財	財務事務官に対する質問てん末書	返　還	協議返還書
郵	郵政監察官に対する供述調書	上	上申書
海	海上保安官に対する供述調書	報	捜査報告書，捜査状況報告書，捜査復命書
弁　録	弁解録取書	発　見	遺留品発見報告書，置去品発見報告書
逆　送	家庭裁判所の検察官に対する送致決定書	現　認	犯罪事実現認報告書
告　訴	告訴状	写　報	写真撮影報告書，現場写真撮影報告書
告　調	告訴調書	交　原	交通事件原票
告　発	告発状，告発書	交原（報）	交通事件原票中の捜査報告書部分
自　首	自首調書	交原（供）	交通事件原票中の供述書部分
通　逮	通常逮捕手続書	検　調	検証調書
緊　逮	緊急逮捕手続書	実	実況見分調書
現　逮	現行犯人逮捕手続書	捜　照	捜査関係事項照会回答書，捜査関係事項照会書，捜査関係事項回答書
捜	捜索調書	免　照	運転免許等の有無に関する照会結果書，運転免許等の有無に関する照会回答書，運転免許調査結果報告書
押	差押調書	速　力	速度違反認知カード

選 権	選挙権の有無に関する照会回答書	寄 附	贖罪寄附を受けたことの証明
診	診断書	嘆	嘆願書
治 照	交通事故受傷者の病状照会について，交通事故負傷者の治療状況照会，診療状況照会回答書，治療状況照会回答書	（謄）	謄本
検 視	検視調書	（抄）	抄本
死	死亡診断書，死体検案書	（検）	検察官
酒 力	酒酔い酒気帯び鑑識カード	（検取）	検察官事務取扱検察事務官
鑑 嘱	鑑定嘱託書	（事）	検察事務官
鑑	鑑定書	（員）	司法警察員
電 話	電話聴取書，電話報告書	（巡）	司法巡査
身	身上照会回答書，身上調査照会回答書，身上調査票，身上調査回答	（大）	大蔵事務官
戸	戸籍謄本，戸籍抄本，戸籍（全部・一部・個人）事項証明書	（財）	財務事務官
戸 附	戸籍の附票の写し	（被）	被告人
登 記	不動産登記簿謄本，不動産登記簿抄本，登記（全部・一部）事項証明書		
商登記	商業登記簿謄本，商業登記簿抄本，登記（全部・一部）事項証明書		
指	指紋照会回答票，指紋照会書回答書，指紋照会書通知書，指紋照会書回答，指紋照会回答，指紋照会回答書		
現 指	現場指紋による被疑者確認回答書，現場指紋等確認報告書		
氏 照	氏名照会回答書，氏名照会票，氏名照会記録書		
前 科	前科調書，前科照会（回答）書，前科照会書回答		
前 歴	前歴照会（回答）書		
犯 歴	犯罪経歴回答書，犯罪経歴電話照会回答書		
外 調	外国人登録（出入国）記録調査書		
判	判決書謄本，判決書抄本，調書判決謄本，調書判決抄本		
決	決定書謄本，決定書抄本		
略	略式命令謄本，略式命令抄本		
示	示談書，和解書		
受	受領書，受領証，領収書，領収証，受取書，受取証		
現 受	現金書留受領証，現金書留引受証		
振 受	振込金兼手数料受領書，振込金受領書		

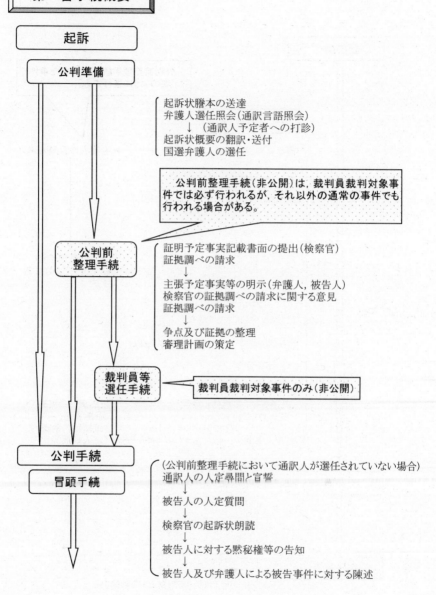

第一審手続概要

起訴

公判準備

起訴状謄本の送達
弁護人選任照会(通訳言語照会)
↓ (通訳人予定者への打診)
起訴状概要の翻訳・送付
国選弁護人の選任

公判前整理手続(非公開)は,裁判員裁判対象事件では必ず行われるが,それ以外の通常の事件でも行われる場合がある。

公判前整理手続

証明予定事実記載書面の提出(検察官)
証拠調べの請求
↓
主張予定事実等の明示(弁護人,被告人)
検察官の証拠調べの請求に関する意見
証拠調べの請求
↓
争点及び証拠の整理
審理計画の策定

裁判員等選任手続

裁判員裁判対象事件のみ(非公開)

公判手続

冒頭手続

(公判前整理手続において通訳人が選任されていない場合)
通訳人の人定尋問と宣誓
↓
被告人の人定質問
↓
検察官の起訴状朗読
↓
被告人に対する黙秘権等の告知
↓
被告人及び弁護人による被告事件に対する陳述

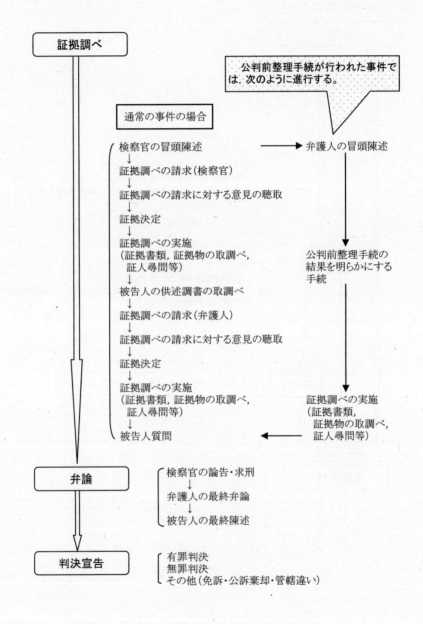

証拠調べ

公判前整理手続が行われた事件では，次のように進行する。

通常の事件の場合

検察官の冒頭陳述 → 弁護人の冒頭陳述
↓
証拠調べの請求（検察官）
↓
証拠調べの請求に対する意見の聴取
↓
証拠決定
↓
証拠調べの実施
（証拠書類，証拠物の取調べ，
　証人尋問等）

公判前整理手続の
結果を明らかにする
手続

被告人の供述調書の取調べ
↓
証拠調べの請求（弁護人）
↓
証拠調べの請求に対する意見の聴取
↓
証拠決定
↓
証拠調べの実施
（証拠書類，証拠物の取調べ，
　証人尋問等）
↓
被告人質問 ← 証拠調べの実施
（証拠書類，
　証拠物の取調べ，
　証人尋問等）

弁論 ⎰ 検察官の論告・求刑
　　　↓
　　　弁護人の最終弁論
　　　↓
　　⎱ 被告人の最終陳述

判決宣告 ⎰ 有罪判決
　　　　　無罪判決
　　　　⎱ その他（免訴・公訴棄却・管轄違い）

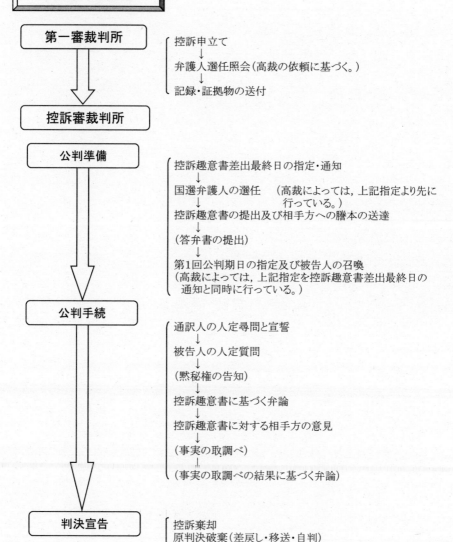

控訴審手続概要

第一審裁判所
- 控訴申立て
↓
- 弁護人選任照会(高裁の依頼に基づく。)
↓
- 記録・証拠物の送付

控訴審裁判所

公判準備
- 控訴趣意書差出最終日の指定・通知
↓
- 国選弁護人の選任 (高裁によっては,上記指定より先に行っている。)
↓
- 控訴趣意書の提出及び相手方への謄本の送達
↓
- (答弁書の提出)
↓
- 第1回公判期日の指定及び被告人の召喚
(高裁によっては,上記指定を控訴趣意書差出最終日の通知と同時に行っている。)

公判手続
- 通訳人の人定尋問と宣誓
↓
- 被告人の人定質問
↓
- (黙秘権の告知)
↓
- 控訴趣意書に基づく弁論
↓
- 控訴趣意書に対する相手方の意見
↓
- (事実の取調べ)
↓
- (事実の取調べの結果に基づく弁論)

判決宣告
- 控訴棄却
- 原判決破棄(差戻し・移送・自判)

法廷通訳ハンドブック　実践編
【ドイツ語】　　　　　　　　　　　　　　　書籍番号　500312

令和3年6月10日　第1版第1刷発行
令和6年9月10日　第1版第2刷発行

監　　修　　最高裁判所事務総局刑事局

発 行 人　　福　　田　　千 恵 子

発 行 所　一般財団法人　法　曹　会

〒100-0013　東京都千代田区霞が関1-1-1
振替口座　00120-0-15670
電　　話　03-3581-2146
http://www.hosokai.or.jp/

落丁・乱丁はお取替えいたします。　　　印刷製本／㈱白樺写真工芸

ISBN 978-4-86684-073-4